会社が伸びる、会社が勝ち残る

昇格・昇進
実践テキスト

松田 憲二「著」

経営書院

はしがき

　いま企業を取り巻く経営環境は、3つの負の遺産（設備過剰、債務過剰、人員過剰）をなんとか取り去り乗り越えようとする努力とともに、一方では、企業100年の大計に立って、5年先、10年先の将来に向かって、企業を背負って立つビジネス・リーダー、マネジメント・リーダーの育成・開発・活用を急いでいる。

　ビジネス・リーダー、マネジメント・リーダーと一口に言っても、経営トップを担う立場に立つ者、日常業務の確実な推進を担う者、先端をゆく技術力を駆使して企業の技術開発を担う者など、各々の目指すコースは種々多様に及ぶことは、企業それぞれの立場によって異なるとしても、全従業員が「目指すべき処遇のあり方」が各々のコースに沿って明確に示されることが、いまもっとも問われている。

　この目指すべき処遇のあり方こそ、昇格・昇進の基準・ルールの公開と挑戦の仕組みであり、これの正当性によって企業のモチベーションが高まり、従業員の企業業績への貢献へとつながっていくのである。

　特に、ある一定の条件を満たすことによって、期待し要求される上位資格への昇格は、ビジネス・リーダーを目指す者にとって最低のクリアー条件である。ビジネス・リーダーにとっても、必要とされる絶対条件を全従業員に公開する、その条件の内容に妥当性・納得性があるのかが確認される、挑戦しようとする意欲が湧いてくる、信頼性と運用性が見える、等のような昇格基準がシステムとして成り立つことが必要なのだ。

　一方、企業の重点課題を解決し、組織運営の鍵を握るマネジメント・リーダーの重責を担う職位として位置づけされる者を、早期に選別し、選抜しようとする動きが慌ただしい。将来の企業の運命の舵取

り役を、職務・職位を通じて早期に役割に任じることによって、企業業績への貢献を担わせようとすることである。一握りの高度のマネジメント能力をもち、組織運営の具体的重要課題を推進し、解決できるための絶対条件が、昇進（任用）基準として、該当する候補者に明確に明示されることである。

このように、ビジネス・リーダーの条件を満たす職務と職能とスペシャリティを基準とする「昇格」と、これらの条件に人物・人格・見識などの条件を付加し、組織のマネジメント・リーダーの条件を満たす「昇進」の条件を、企業の目指す方向に合わせ、分離したり併合したりして、運用していくのである。

まさに、昇格基準と昇進・任用基準の客観性ある条件づくりと明確な運用の公開制こそが、企業勝ち残りのための従業員の挑戦意欲の喚起と少数精鋭・重課主義のもとに、一握りのコアとなる人材の選別・選抜を促す企業の必然性とが、一致することになる。

本書は、このような考えと方向を具現性をもってシステム化するための基本的な考え方と基準づくりに当たってのポイントを提示、あわせて、運用している各企業の制度マニュアル、基準・運用規程を、各企業の協力のもと公開することによって、昇格・昇進システムの改善、改革を目指す各企業の参考に供するものである。

なお、本書は、2002年11月に産労総合研究所より発行した「昇格・昇進の設計とモデル規程集」に加筆・修正を行い、再編集し提供するものである。

平成16年１月

松田　憲二

昇格・昇進実践テキスト
CONTENTS

はしがき

人事制度運用の鍵をにぎる　**昇格・昇進の設計と運用**

第1章　昇格・昇進システムの考え方と方向
1. 高まる経営・人事システム全般への影響　8
2. 経営・人事・能力開発と昇格・昇進管理の関係　9
3. 昇格・昇進管理の傾向とその背景　12
4. データにみる昇格・昇進管理の実際　14

第2章　昇格・昇進システムの制定
1. 昇格制度　18
2. 昇進制度　34

第3章　昇格・昇進制度の展開
1. 高学歴化・高年齢化現象と企業内昇格・昇進審査　40
2. 試験の信頼性・妥当性・合理性・納得性・客観性を高める　42
3. 企業内試験制度と人事システムとの連動　45
4. 企業内試験の内容　46
5. これからの企業内試験の運用　47

第4章　昇格・昇進基準の運用
1. 昇格・昇進基準の運用のあり方　50
2. 昇格基準の考え方　51
3. 降格について　55

4. 試験内容について　56

5. 昇格基準の具体的運用　58

第5章　これからの昇格・昇進管理の方向

1. コース別処遇管理における昇格基準の考え方　76

2. 管理職層選別の昇進基準の一層の明確化　76

〈資料〉
- 約3割の事業所が入社6～10年目で昇進・昇格に男女差／79
  「2001年度男女雇用管理基本調査」厚生労働省
- ライン役職への昇進時期に「個人により差がある」は60.8%／81
  「平成14年雇用管理調査」厚生労働省

第6章　昇格・昇進基準と制度マニュアル

昇格制度（F株式会社）／89

昇格制度（C生協）／93

昇格基準（D株式会社）／98

昇格・降格の運用基準（A株式会社）／117

昇格制度（P株式会社）／125

昇格管理制度（J株式会社）／138

昇格・昇進制度（K株式会社）／145

昇格・降格、昇進・降職の運用基準（M生協）／150

昇格・降格制度（Y生協）／157

パートナー社員処遇制度（F株式会社）（パートタイマー用）／172

昇格・昇進基準と運用（株式会社H社）／183

第7章　昇格・昇進規程

昇格基準（H株式会社）／192

昇格・昇進制度規程（A株式会社）／196

職能資格制度規程（N株式会社）／202

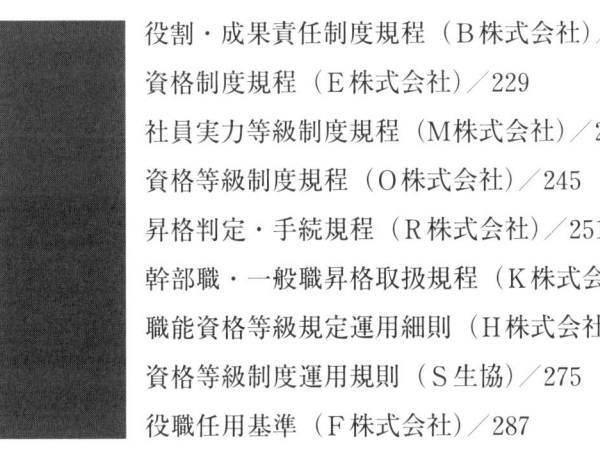

役割・成果責任制度規程（B株式会社）／217

資格制度規程（E株式会社）／229

社員実力等級制度規程（M株式会社）／238

資格等級制度規程（O株式会社）／245

昇格判定・手続規程（R株式会社）／251

幹部職・一般職昇格取扱規程（K株式会社）／254

職能資格等級規定運用細則（H株式会社）／263

資格等級制度運用規則（S生協）／275

役職任用基準（F株式会社）／287

人事制度運用の鍵をにぎる
昇格・昇進の設計と運用

第1章　昇格・昇進システムの考え方と方向
高まる経営・人事システム全般への影響／8　経営・人事・能力開発と昇格・昇進管理の関係／9　昇格・昇進管理の傾向とその背景／12　データにみる昇格・昇進管理の実際／14

第2章　昇格・昇進システムの制定
昇格制度／18　昇進制度／34

第3章　昇格・昇進制度の展開
高学歴化・高年齢化現象と企業内昇格・昇進審査／40　試験の信頼性・妥当性・合理性・納得性・客観性を高める／42　企業内試験制度と人事システムとの連動／45　企業内試験の内容／46　これからの企業内試験の運用／47

第4章　昇格・昇進基準の運用
昇格・昇進基準の運用のあり方／50　昇格基準の考え方／51　降格について／55　試験内容について／56　昇格基準の具体的運用／58

第5章　これからの昇格・昇進管理の方向
コース別処遇管理における昇格基準の考え方／76　管理職層選別の昇進基準の一層の明確化／76

付帯資料

- 約3割の事業所が入社6〜10年目で昇進・昇格に男女差／79
  「2001年度男女雇用管理基本調査」厚生労働省
- ライン役職への昇進時期に「個人により差がある」は60.8%／81
  「平成14年雇用管理調査」厚生労働省

第1章
昇格・昇進システムの考え方と方向

1．高まる経営・人事システム全般への影響
　〜増える経営幹部の選抜制度

　バブル崩壊（1991年・平成3年）以降、大手企業を中心に、ミドルマネジメント層の中から、将来に向けて企業を背負って立つ一部エリート層の選抜制度を導入するケースが増えつつある。まさしく、混迷を深める経済活動の中で、企業が逞しく勝ち残っていくためには、
　①従来の一律的標準的な処遇システムでは生き残れないこと
　②経営戦略の中で自社のポジションを明確に描くことによって、企業を支える有為の一握りの人材への投資が急がれていること
　③まさに、コア人材、プロ人材の早期育成、強化策によって、企業内人材格差を明確にすることが、能力・実力主義処遇の考え方にマッチすること（図表1参照）
　④そのために、経営と人事、人事と能力開発（考え方）、経営と能力開発（教育訓練）の関係付けを明確にすること（図表2参照）
の処遇・運用システムを、全社員に公開し「勝ち組」企業への体制を整える必要があるからだ。

　このように、企業経営を支える一部経営幹部の育成・強化策は、昇格・昇進制度についても、①特急列車並みの「一般昇格・昇進」基準、②新幹線並みの「特別昇格・昇進」基準、③一部幹部の選抜を行うリニア新幹線並みの「飛び級・選抜の昇格・昇進」基準の、三通りの設計と実施・運用策が考えられる、ということである。

企業が、強く逞しく混沌としたこの激変する時代を勝ち抜いていくには、
　イ．企業の経営課題を自部内の課題に落とし込んでいける戦略性をもち、
　ロ．環境に柔軟に対応するための自己革新ができ、
　ハ．さらに、経営課題を発見・解決し、
　ニ．業績向上に貢献出来る人材
が求められるのは、当然のことである。

　まさに図表1のように、コア人材、プロ人材の選抜・育成ということになる。

　もちろん、一方通行としての選抜ではなく、明確なルールを持ち、幹部候補生側に立った「選択」条件と、企業側に立った「選抜」「選別」基準との整合性（バランス）を、欠かすことはできない。

2．経営・人事・能力開発と昇格・昇進管理の関係

　企業勝ち残りの条件の一つに、経営と人事、人事と能力開発（教育）、経営と能力開発の関係の明確化を挙げた。その内容を（図表2参照）から明らかにしたい。

①経営と人事の関係

　21世紀のエクセレント・カンパニーとして、力強く勝ち抜く企業の必須要件は、「企業の盛衰は人が制し、人こそが企業の未来を拓く」という言葉に尽きる。企業は有為の人材を選択するチャンスを、制度の中に組み込みながら、経営方針一体化の「共有化」を推し進めていく。それは、具体的には職務エントリー制、インターンシップなどを採り入れた新しい採用制、社内公募制、成果主義賃金、コース別処遇体系の導入などにみることができる。

図表1　企業に必要人材は、コアかプロのみ

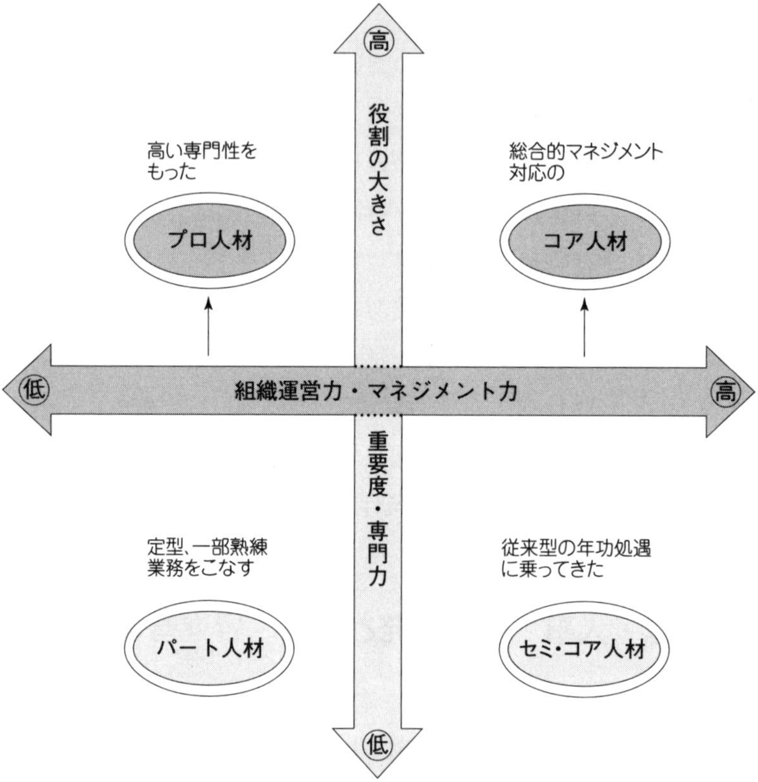

（縦軸：役割の大きさ／重要度・専門力　高↔低）
（横軸：組織運営力・マネジメント力　低↔高）

- 高い専門性をもった **プロ人材**
- 総合的マネジメント対応の **コア人材**
- 定型、一部熟練業務をこなす **パート人材**
- 従来型の年功処遇に乗ってきた **セミ・コア人材**

②人事と能力開発の関係

　コア人材、プロ人材の育成・強化・評価を前提として、CDPの実施、戦略的能力開発の意図的、計画的、継続的体系化、昇格・昇進基準要件との連動化など、人事と能力開発の「顕在化」にみることができよう。

③経営と能力開発の関係

　経営体そのものに能力開発がどのようにかかわって、強い経営力を維持・発展させるかということである。

第1章 昇格・昇進システムの考え方と方向

図表2　経営・人事・能力開発（教育訓練）との関係
～昇格・昇進条件への反映～

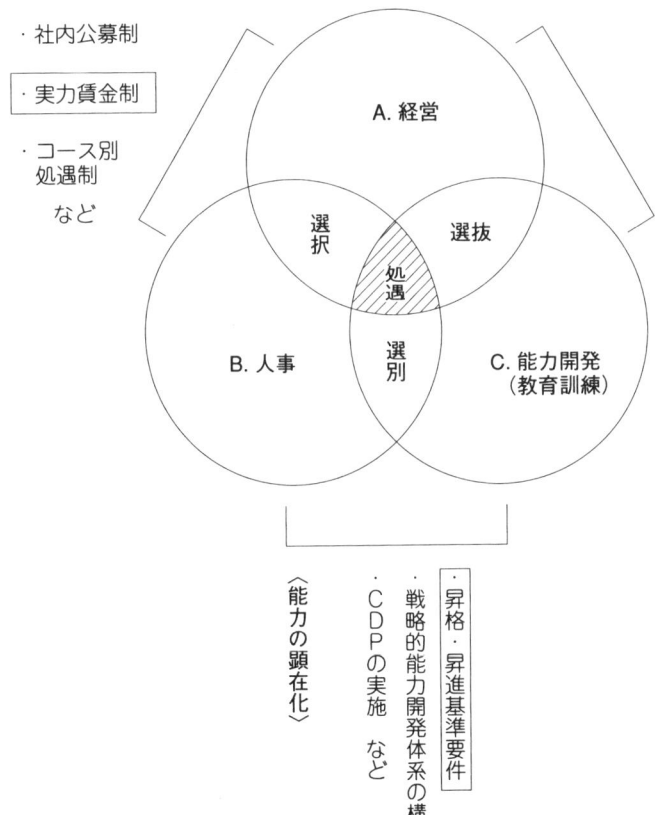

＜システムの共有化＞

- コア人材・プロ人材の育成・評価
- 職務エントリー制
・新採用制（インターシップなど）
・社内公募制
- 実力賃金制
・コース別処遇制
　　など

＜経営への「活用化」＞

・全従業員の経営マインドの譲成
- 特別教育による経営幹部の育成・配置
・ミドルマネジメントの経営層への取り込み
　　など

〈能力の顕在化〉
・CDPの実施
・戦略的能力開発体系の構築
- 昇格・昇進基準要件
　など

図表3　アカデミーグループメンバーが考える経営幹部育成システム

選抜	対　象　者	・入社後8～10年目、かつ係長昇進後2～3年目の従業員（選抜時期の年齢は30～32歳）
	選 抜 方 法	・対象者全員に「経営幹部選抜研修」を実施し、人事部が一定割合を選出 ・選出された従業員を経営幹部が面接し決定
	選 抜 比 率	・対象者の0～5％
	制度の公開性	・経営幹部選抜システムを全社に公開 ・選抜者の公開は役員、事業部長、部長 ・選抜者本人へ通知
育成	育 成 責 任 者	・経営幹部
	育 成 方 法	・配置ポストを限定（経営企画関連ポスト） ・知識習得を中心とした教育研修
	育 成 コ ス ト	・人事部が負担
評価・処遇	評　　価	・育成幹部と人事部が評価 ・育成段階に応じて能力から成果へ評価ウエートを高める
	処　　遇	・資格給+ポスト給

資料出所：(財)社会経済生産性本部・平成13年度経営アカデミー「人的資源管理コース」報告書より

　具体的には、全従業員の経営マインドの醸成、ミドル・マネジメントの経営層への取り込み、特待教育（例えば、経営選抜研修、ビジネスリーダー養成制度など）による経営幹部の育成・配置などが、挙げられる。

　経営と能力開発の「活用化」である。

　このように、従業員サイドへの機会付与による「選択」と企業サイドからの「選抜」「選別」の論理と施策が、適切な人材ビジョンを形成し、社員の成長や成果に見合った処遇と能力開発の提供となり、さらに処置の一つの昇格・昇進管理へと反映されていくことになる。

3．昇格・昇進管理の傾向とその背景
　～機動的な人員配置のできる体制作り

　(社)日本能率協会が、毎年11月に発表している「経営課題実態調

査」(対象は東証1部上場企業・製造業500社、非製造業300社)によると、人事・教育部門の課題として、当面(1～2年)と4～5年先を問わず、「きわめて重要」として1位から5位までにランク・アップされた課題は、次のようなものであった。
・事業展開に応じた機動的な人員配置(非製造業では第1位)
・女子社員の能力開発・有効利用
・管理職の能力開発
・組織の活性化、モラールアップ

　これらの中身はもっと分解し、具体的対策を講じる必要があるにしても、仮に非製造業で最も多かった「事業展開に応じた機動的な人員配置」を行うには、現在のみの人員と能力で対応できるわけはなく、長期的観点に立った人材の開発・育成・活用が当然行われねばならないことは、いうまでもないことだ。

　そうなるならば、社員処遇制度の中での昇格・昇進管理は、人事評価制度から試験制度、適性検査、ヒューマン・アセスメント、異動・ジョブローテーションなどを、資格等級制度を基準にして、キメ細かく体系的に作り上げていくことが大切である。(図表5参照)

　特に、昇格制度の良し悪しは、公平性・公正性の上に立って、信頼性・妥当性・合理性・納得性が明確に打ち出されていなければ、社員が燃える仕組みを形成することはできないといえる。

　つまり、将来を見越しての人材の育成・活用・評価は、社員が自社の昇格基準に対し、動機づけられる挑戦意欲をもって、真剣に能力開発による潜在能力の具現化を図っていくしかないのである。ここに、昇格基準の公開と明確化が問われている理由がある。

4．データにみる昇格・昇進管理の実際

　長期にわたる構造的・政治的不況の後にきたものは、人を取り巻く環境の大きな変化とそれに対応する組織の抱える問題ということである（図表6参照）。まさに、この混迷の中を生き抜き、活力ある企業にしていくためには、外部環境要因と組織内部の要因とが、時代への適応と革新を本気で行うしかないということであり、それを揺り動かす仕組みを変えていかざるを得ないのである。

　ところで、平成11年の厚生労働省「雇用管理調査」にみる昇格・昇進管理の動向が、上に述べた方向性とどのような整合性をもっているのか、データからながめることにしよう。

　まず図表7の職位昇進基準の内容で、圧倒的に多いのが人事評価（業績評価）であり、次いで在籍年限、さらに管理能力としての人物像（人柄）が上位を占めている。能力の一端を推し測る試験制度は10％台と少ないようにみえるが、従業員1,000人以上の大規模企業で

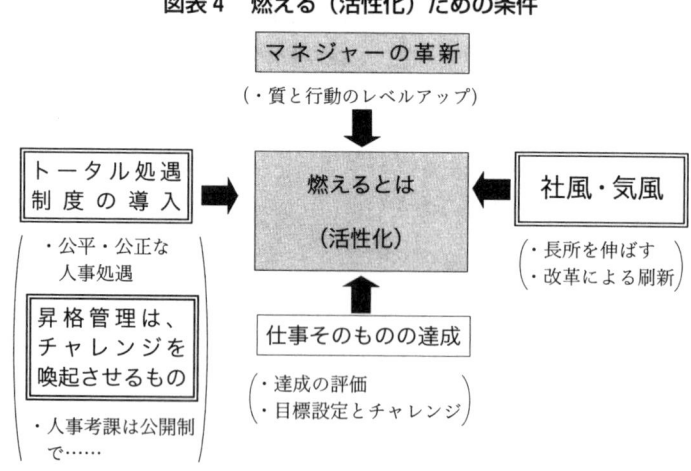

図表4　燃える（活性化）ための条件

図表5　昇格・昇進管理における人事評価の体系

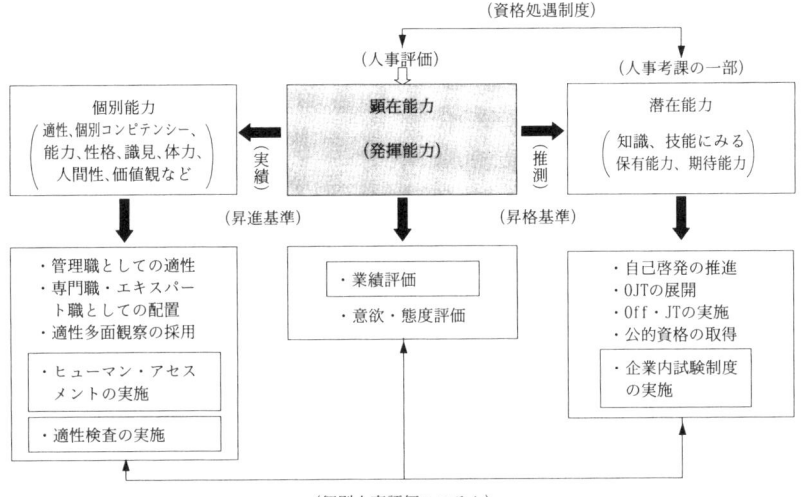

図表6　環境変化と組織の抱える問題

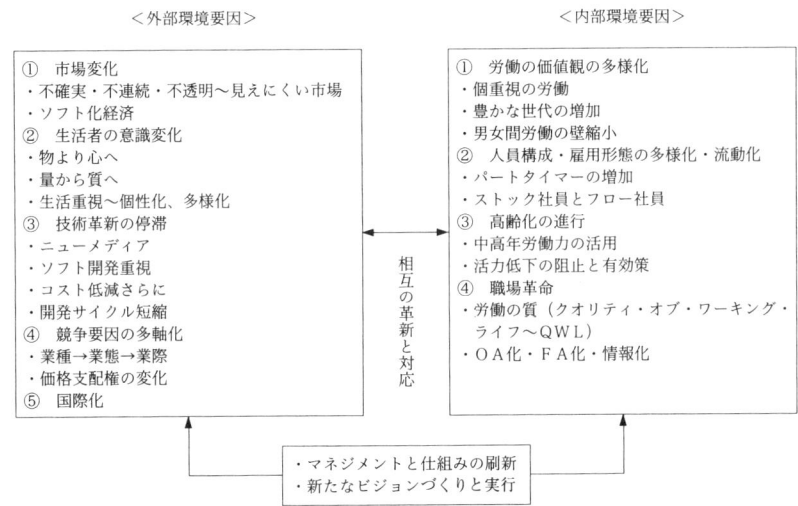

図表7　職位昇進基準の有無と基準の内容

〔1999（平成11）年、30人以上企業〕

職掌、昇進役職等	職位昇進基準の有無 (合計=100、このほか無回答あり)			職位昇進基準の内容（基準を定めている＝100、複数回答）								
	定めている	定めていない	該当するポスト・職種・職層がない	能力評価 計	試験あり	試験なし	在籍年数	業績評価	昇進研修	学歴	人柄	その他
〔事務職〕												
・係長相当への昇進												
合　　　計	45.8	34.4	12.2	86.1	10.7	75.4	50.3	79.8	7.4	7.1	39.8	14.9
5,000 人 以 上	74.0	10.1	14.0	95.2	38.1	57.8	55.9	74.1	9.3	4.1	19.6	21.1
1,000 ～ 4,999人	82.0	10.2	6.1	94.1	31.0	63.1	58.0	87.1	16.7	7.0	30.6	19.4
300 ～ 999人	78.8	12.9	5.1	89.4	24.8	64.9	55.9	82.5	10.5	7.5	30.7	16.0
100 ～ 299人	66.2	23.4	5.0	87.4	11.5	75.9	55.7	83.1	9.5	7.4	37.8	13.6
30 ～ 99人	35.5	40.4	15.2	84.2	5.8	78.3	45.6	77.0	4.9	6.9	43.7	15.1
・課長相当への昇進												
合　　　計	47.5	34.7	9.9	86.5	12.9	73.6	48.0	82.5	8.4	7.1	42.4	15.4
5,000 人 以 上	85.8	12.1	1.6	93.9	35.5	58.5	51.8	76.0	17.9	2.9	24.3	21.7
1,000 ～ 4,999人	88.5	9.8	0.7	93.2	35.5	57.7	54.6	87.9	23.1	6.1	33.4	20.3
300 ～ 999人	81.5	14.4	1.0	90.0	26.9	63.1	53.7	85.0	14.3	7.5	35.8	16.9
100 ～ 299人	67.6	24.1	2.4	88.3	16.5	71.9	51.7	86.8	10.8	8.8	45.2	14.7
30 ～ 99人	37.1	40.5	13.3	84.2	6.3	78.0	44.3	79.4	4.7	6.2	42.9	15.1
〔技術・研究職〕												
・係長相当への昇進												
合　　　計	34.2	28.7	19.3	86.7	11.1	75.6	47.1	79.2	7.0	8.2	36.4	15.9
5,000 人 以 上	49.3	7.9	24.4	97.2	35.0	62.2	52.8	76.7	11.7	2.8	20.6	17.2
1,000 ～ 4,999人	61.3	7.5	20.2	94.2	29.0	65.2	59.5	86.4	17.3	7.9	31.1	18.3
300 ～ 999人	57.1	9.6	15.5	88.7	23.3	65.8	57.0	82.0	12.8	7.9	31.5	18.1
100 ～ 299人	47.6	19.3	13.5	88.5	14.5	74.0	54.1	81.8	9.5	8.3	33.0	12.5
30 ～ 99人	27.2	33.9	21.3	84.7	5.6	79.1	40.8	76.9	3.8	8.2	39.6	17.1
・課長相当への昇進												
合　　　計	35.0	28.9	17.8	86.8	14.9	71.9	46.3	82.8	8.4	9.0	39.3	16.6
5,000 人 以 上	56.4	8.8	17.0	95.1	32.0	63.1	50.0	80.1	20.9	2.4	23.8	17.5
1,000 ～ 4,999人	66.0	7.5	15.9	93.0	37.0	56.0	55.0	86.9	24.3	6.9	33.0	19.9
300 ～ 999人	60.0	10.5	12.1	89.4	27.0	62.5	55.2	84.5	16.1	7.6	36.6	18.7
100 ～ 299人	48.3	19.7	12.2	89.3	21.2	68.1	50.6	85.6	11.6	10.7	40.2	12.9
30 ～ 99人	27.7	34.0	20.1	84.4	7.5	77.0	41.7	80.8	4.1	8.6	40.0	17.8

資料出所：厚生労働省「雇用管理調査」（平成11年）

は30％以上であり、これに反し30人以上999人以下では10％の半ばというところで、人員構成・資格別対象人数などからその重さの置き方に大きな違いがみられる。

　また、昇進研修も大企業では10～20％台であるが、制度の未熟さや研修の機会の少ない中小企業では10％未満となっている。

　次に、図表8、9の昇格基準についてみてみよう。

　昇格については、役職者と一般職との対比でみることにする。

　試験制度については、1,000人以上の大企業では40％台と多いが、299人以下の中小企業では20％台であり、一方「人柄」を昇格基準の内容とする点では大企業は30％を切り、逆に中小企業では30％半ばと

第1章　昇格・昇進システムの考え方と方向

図表8　資格制度のある企業の昇格基準

(単位：％)

昇格役職等	資格制度の有無（合計＝100）		資格制度のある企業の昇格基準（制度あり＝100）		
	あり	なし	上位資格への昇格基準を定めている	上位資格への昇格基準を定めていない	無回答
（役職者）					
合　　計	31.9	68.1	84.2	11.9	3.9
5,000人以上	93.4	6.6	95.0	3.8	1.2
1,000 ～ 4,999人	86.5	13.5	98.9	0.9	0.2
300 ～ 999人	72.7	27.3	94.2	4.4	1.4
100 ～ 299人	46.0	54.0	89.3	9.2	1.5
30 ～ 99人	22.1	77.9	76.1	17.2	6.7
（一般職）					
合　　計	31.9	68.1	86.9	11.1	2.0
5,000人以上	93.4	6.6	95.6	2.3	2.1
1,000 ～ 4,999人	86.5	13.5	97.5	1.6	1.0
300 ～ 999人	72.7	27.3	94.2	4.8	1.1
100 ～ 299人	46.0	54.0	91.2	8.1	0.7
30 ～ 99人	22.1	77.9	80.6	16.2	3.3

図表9　昇格基準の内容（上位資格への昇進基準を定めている企業＝100、役職者の場合、複数回答）

(単位：％)

規　模	能力評価			在籍年数	業績評価	昇進研修	学　歴	人　柄	その他
	計	試験あり	試験なし						
合　計	86.8	24.9	62.0	57.6	86.0	12.8	8.1	35.2	17.3
5,000人以上	94.4	44.1	53.4	65.4	78.7	15.7	1.9	18.5	23.1
1,000 ～ 4,999人	92.7	41.2	52.3	64.5	86.9	22.8	9.0	25.7	21.0
300 ～ 999人	89.0	34.6	54.6	62.2	86.6	17.2	9.1	30.6	18.9
100 ～ 299人	88.3	24.0	64.3	59.9	88.0	9.7	7.0	34.4	13.8
30 ～ 99人	83.9	19.1	64.8	52.9	84.8	11.8	8.5	39.2	18.5

(注)「資格制度のある企業の昇格基準」のうち「上位資格への昇格基準を定めている」企業の割合（役職者への昇格の合計の割合84.2％）を100として、それぞれの割合をみたものである。

なっている。

　さて、本来昇格と昇進は厳密に分離して運用されるべきものであるが、厚生労働省のデータによる昇格・昇進基準の内容からは、これといった区別は読み取ることができなかった。ここにも、昇格と昇進が混同され運用されている実態の一端をくみ取ることができる。（なお、同調査の平成14年調査でも、昇進にふれているので資料P81を参考にしていただきたい。）

第2章 昇格・昇進システムの制定

1．昇格制度

(1) 「昇格」基準とは―

　「昇格」制度とは、「社員一人ひとりに備わった一定の資格要件に基づいて、上級の処遇区分（資格）に進ませる」制度である。この場合の資格要件は、必ずしも個々の職務の遂行能力とは直接的な関係を持たない要素として、勤続年数・学歴などと、一般的な能力要素としての技能・学識経験・職務・職能要件などとの組み合わせによることが多い。

　職務体系上の位置づけのほかに、資格制度と昇格制度を採用する理由は、職位上の位置づけとしての昇進制度の不足を補う利便性と、より積極的な能力主義的管理体制を築くためであるが、より包括的な形の狙いは、次のようになる。

　企業内における社員の行動や人間関係は、第一義的には職位によって規定されるとしても、属人的な要素としての学歴・年齢・管理上の地位・人望（人柄）などによっても多分に規定され、職場で自然発生的に社会的地位関係ができあがる。しかし、この自然発生的な関係は、仕事以外の実にさまざまな要素のからみあいで形成されるとともに、社員各人の抱く社会的地位意識にずれがあったり、職場ごとに著しい相違が生じたりして、経営内における社員の序列や秩序が混乱しやすく、業務遂行に障害を起こしやすい。

　そこで社員に対して、企業内における社会的地位、すなわちステイ

タスを合理的な要素に基づいて定めることによって、心理的な安定と行動に秩序を与える。さらには、将来の地位向上についての見通しと期待を持たせて意欲を刺激し、管理上からは社員の配置や昇進に際しての人事選考に、明確な基準を立てるための1つの基礎を作ることを目的とするものである。

したがって、資格制度に積極的な意義を持たせるためには、職務階層と資格とを結びつけたり、賃金と資格とを結びつけたりする工夫が必要となる。

賃金との関係でいえば、ある資格では賃金いくら以上とか、賞与や退職金に反映させるとか、出張旅費の支給区分を資格によって変えるなどの弱い結びつけ方から、強い積極的なやり方では資格手当を設けたり、賞与などの配分率を資格別に定めたり、さらには、基本給の体系を資格体系と直接結びつけるなどのさまざまな形がある。資格制度を単なる形式的な称号としないための関係づけが必要である。

(2) 昇格基準のポイント

具体的な昇進・昇格制度の基準と運用に当たって、考慮しなければならない点を、いくつか挙げてみよう。

①年功処遇中心から、職務遂行能力および業績達成中心の能力実力主義処遇に転換する

　年功（勤続・学歴・年齢など）にとらわれることなく、能力ある社員には責任ある職務と地位を積極的に与え、その能力を十二分に発揮させるとともに、その能力と業績に見合った処遇や賃金を提供する。

　他方、年功を積み重ねてきた社員には、エキスパートとしての能力活用とライフ・サイクルに基づいた賃金カーブを設定し運用する。

このようにして、人材の有効活用と社員のモチベーションの向上を図る。

②職歴の初期の段階においては能力を、中期の段階においては業績と能力を、そして後期の段階においては職務遂行度（実績）を重視した昇格制度に切り換える

　図表10に示すように資格等級中級（例・5級）の頃から職能を重視して昇格を考えていく。特に、中級4級以上の昇格においては、業績よりも能力のポテンシャルを重視する。つまり、その地位を担うにたる十分な潜在・期待能力を備えている社員ならば、特別昇格も考慮していくこともありうる。

③昇格基準を明確にし、昇格決定の公平性、納得性、妥当性、客観性、信頼性を高める

　各レベルの職務の効率的遂行に必要な能力を分析し、明確化する。そして、各資格等級および各職位レベルに必要な能力の潜在・期待能力を判定する合理的、科学的なアセスメント制度を導入し、客観的で公平性・納得性の高い昇格管理を図る。

図表10　昇格基準の重点の移り方

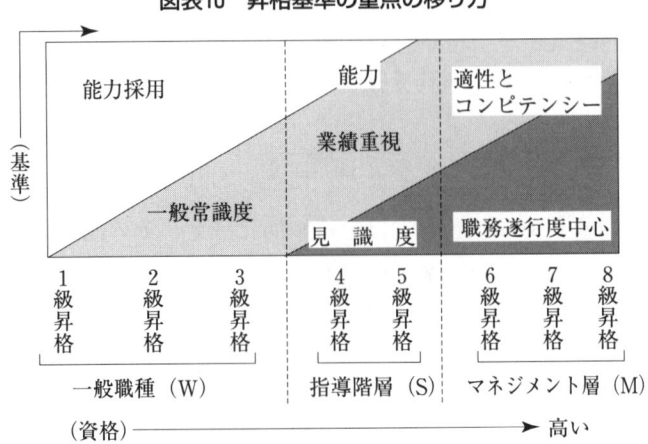

第2章 昇格・昇進システムの制定

図表11　昇格基準の考え方モデル

資格等級	処遇体系				昇格の運用基準	昇格実施基準
	(エキスパート職系)	(専門職系)	(管理職系)	(スタッフ管理職系)		
8級	部長職	専門部長（参事・主幹）	部長	担当部長	入学方式	・総合経営に関する課題解決 ・各職層としての業務分析と評価 ・ヒューマン・アセスメント（HA） ・業績評価 ・役員面接など
7						
6	課長職	専門課長（主査・主事）	課長	担当課長		・各職層としての知識・実技テスト ・適性多面観察と検査（HA含む） ・人事評価 ・業務論文・面接
5	指導職層（係長クラス）				折衷方式	・知識・技能テスト ・適性検査（HA含む） ・リーダーシップ検査 ・業務改善論文（作文） ・人事評価
4						
3	一般職層				卒業方式（または折衷方式）	・知識・技能テスト ・適性検査（HA含む） ・性格検査 ・業務改善論文（作文） ・人事評価
2						・人事評価 ・一般常識テスト
1						・人事評価 ・一般常識テスト
						・人事評価

(注)「卒業方式」とは現在の等級の資格要件を満たし終えたとみなされて昇格させること。
　「入学方式」とは、現在の等級の資格要件を満たしたうえに、さらに、上位の資格要件を満たし十分に応えられると判定すること。
　「折衷方式」とは、「卒業方式＋入学方式」÷2のやり方で、昇格を考えること。

④職制の簡素化を図る

　　職制の簡素化を図り、補佐職的役割は一切廃止したい。それに変わるものとして、専門職、スタッフ管理職、エキスパート職を設置する。

⑤役付層に関しては、彼らの持つ個性（能力および性格特性）と持ち味を合理的に、かつ積極的に活用する意味から、それに見合ったキャリア・コースを設定する

　　合理的科学的なアセスメントと、計画的なジョブ・ローテーションの組み合わせによる適性の発見と、個性に応じた人材の有効活用を図る。特に、役付層よりオール専門職、スタッフ管理職、エキスパート職を設けて、適材の配置と効率的な人材育成を推進し、社員の自我の欲求および自己実現の欲求を充足させると同時に、経営効率の向上を図る。

⑥男女同一の昇格体系および賃金体系を確立する

　　労働基準法第4条（同一労働、同一賃金）はもちろんのこと、男女雇用機会均等法の主旨を受けて、昇格制度においても、性による差別の撤廃は、当然のことである。

　　これを示したのが、図表11である。この昇格制度は、学歴、男女の区別なく全社員に対し一律に適用される。例えば、この制度では、社員は各自の職務遂行能力に基づいて、1級から8級に区分した。7級以上がマネジメント・専門職層であり、それ以下が指導職層と一般職層である。マネジメント層は管理職、専門職、スタッフ管理職、エキスパート職に区分される。

(3) 各段階での昇格要件の設定
①一般職層・指導職層の基準設定

　図表11でいえば、一般職層においては、1級から3級までの昇格には、主に能力（習得能力）が重視される。5級と6級への昇格には、能力と業績が重視される。つまり、これらの等級に属する社員は、毎年1回、業績評価を受け、その評価に基づいて評価点が累積される。

　このように昇格のスピードには能力と業績とが効いてくる。しかし、5級および6級への昇格の節々には、適性検査（ヒューマン・アセスメント）が課せられる。これに合格しなければ、定年まで4級または5級のコースに止まることとなる。

　その意味では、指導職層に関しては、かなり徹底した能力・実力主義をとる必要がある。

②マネジメント層の基準設定

　マネジメント層、特に管理職や専門職に必要とされる潜在的・期待的能力あるいは顕在的能力や性格の多くの側面は、30代後半にはほぼ固まってきている。この時期になってから、教育訓練によって各人の個性や持ち味を変えようと思っても、なかなか変えられるものではない。これからの人事管理においては、中高年社員各人の個性や持ち味を無理に改変しようとするよりも、各人の能力・性格パターンに応じた人材の活用と職務の割り当てを図ることが、組織効率の面からも、また人間性の尊重という面からも必要とされる。また、そうすることが、社員各人の成長の可能性を最大限に引き出す道でもある。

　経営環境の急激な変化、組織の簡素化と複雑化、経営管理に関する諸理論およびスキルの急速な発達、社員の価値観の変化といった

図表12　能力による職務志向

```
基
礎  専門能力重視
    管理能力重視
能
力
```

・管理職志向＝基礎能力＋管理能力
・専門職志向＝基礎能力＋専門能力の特化
・エキスパート職志向＝一部専門能力の熟練度

ような状況変化を背景に、今日マネジメント職の職務はますます高度化し、複雑化してきている。もはや"おみこし"に乗ってトップの意思伝達のみを行ってきた旧来のタイプの管理者では、マネジメント職の職責は全うしきれなくなってきた。

　これからは、マネジメント職にふさわしい十分な素質と行動力と人間性を備えた者でなければ、マネジメントの重責を担いきれない。その意味では、これらの力をもった人材の早期発見と計画的な育成・活用あるいは選抜・選別が、経営の重要な課題となってくる。

　他方、経済の低成長に伴って、企業が必要とする管理職ポストの数にも限りが出始めている。上位のポストほどその傾向は強く現れている。このようなことから、管理者の選抜・選別の必要性が、今後ますます高まってくることは、間違いのない事実となりつつある。

③管理職と専門職、エキスパート職の選別基準

　「管理職」と「専門職」とでは、担わされる業務と職責が異なるだけでなく、それを遂行するために必要とされる能力や性格も異なっている。

　したがって、専門職として立派な業績を上げた人が、管理職としても立派な業績を上げるとは限らない。その逆もいえる。この両者に求められる能力や性格のパターンは、相反している面が多い。こ

れまで、わが国の企業にみられた管理職優先の処遇体系では、これらのスペシャリストを十分に処遇することができなくなった（図表12参照）。

したがって、これらの人々を管理職に登用し、彼らのせっかくの能力を生かしきれないようなことが行われてきた。

また、管理能力が欠けているために、彼らの統轄する部門の効率とモラールをも低める結果となっていた。専門職制度の確立は、このような問題を解決するためにも必要である。

管理職や専門職としての能力には欠けるところがあるが、会社にとってはかけがえのない人材がいる。自己の職務に高度に熟達し、その職務について常に高い業績を上げている社員である。多数の上客を抱えているデパートの各売り場の高度の販売技術をもった販売員、ベテランの経理マン、機械の操作や保守に精通した現場のベテラン技能者などがこれに当たる。これらの人々の経営に対する貢献は大きい。しかし、管理職と専門職だけでは、これらの人々を処遇することはできない。このような企業貢献者を適切に処遇するような、なんらかの制度が必要である。これが「エキスパート職」である。

だが、これらの人々を専門職として処遇することには問題がある。それによって、専門職の地位低下とプロとしての自覚の希薄化をもたらし、真の専門職が育たなくなる。

また、専門職のムリな管理職移行が推進される。さらに、これが待遇職路線として使われ、人件費インパクトを増大させる危険がある。

いま年功序列による昇格・昇進が行き詰まり、役職に就けずに退職していく社員が増大していく社会情勢下では、エキスパート職を

設置することの意義はますます高まり、それにより動機付けられた社員の活躍は、企業にとって大きな力となる。このエキスパート職を、決して無能な社員の待遇路線として利用してはならない。

(4) 昇格の種類

昇格には、通常次の4つの種類がある。

第1は、通常のルールに基づいて全社員対象に行われる「一般昇格」である。これは、人事評価、試験制度、面接、論文、ヒューマン・アセスメント、適性検査などを通して行われるもので、最短条件で昇格していく者、ある資格等級までは最低条件で昇格する者などに分けられる。

第2は、通常ルールの中の最短条件をさらに短縮して上位の資格等級へ昇格させる「特別昇格」である。つまり、最短在級年数の3年を1年短縮して、2年で昇格させるというもので、特進理由がきわ立っている（業務上特に有益な発明、改善、開発のあったこと、業務成績が抜群で表彰に値するだけの成果のあったことなど）ことが、その条件となる。

第3は2ランク以上の資格等級への「飛び級昇格」である。業務成績抜群の者に対して行われることが多いのだが、企業の若返り戦略や組織への刺激策として行われることもある。

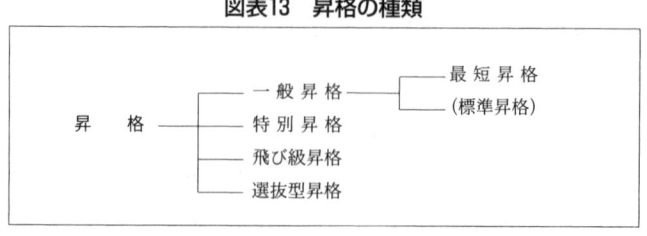

図表13　昇格の種類

ただし、この飛び級昇格は、企業そのものや人材への活性化策としての効果のある反面、他方ではギクシャクとした人間関係へとつながったり、降格制度の設定へとつながることとなり、自社の企業風土を十分に考えて、その導入・適用を行うことが必要である。

　そして、第4は「選抜型昇格」である。将来の企業ビジョンを遂行しえる事業部門の責任者を、若手部課長クラス（上位資格等級者）のマネジメント・クラスの中から、少人数を企業の指名のもとに、選別し選抜していくやり方である。一定期間の実践型教育訓練を行い、その成果とその後の重要ポストへの配置によって、さらに実績を勘案して処遇が明確になっていく。

（5）　注目される「選抜型昇格」の実例

　ここで、最近大手企業を中心に、将来の企業を背負って立つ幹部社員を、早い段階から選抜・選別する「選抜型昇格」を実施している企業3社の概要を取り上げてみる。

①㈱クボタの事業戦略立案を目指す「選抜研修制度」

　㈱クボタでは、2003年（平成15年）より40代前半層の課長クラスを対象に、事業戦略を立案する能力の付与強化を目指す選抜研修制度を導入。2003年度は、対象者670人の中から19人を選抜（次年度と合わせて40人以内に限定）し、経営幹部候補として育成する。1年間に2日×8回の研修講座を1年間実施する。外部講師の高度の講義を受け、3～4人のグループに分かれて、同社の実際の経営課題をテーマに利益向上策、事業価値の増大策を検討し、その集大成としての結果を経営トップに報告し、経営の意思決定（デシジョン・メイキング）に活用していく。これら、1年間20人の修了者は、さらにその後半分の10人に絞り込み、事業戦略立案の中心となる事業プロデューサーに認定

し、グループ企業に出向させ、実際の第一線の経営にかかわることも検討される。

②日本ビクター㈱の幹部候補選抜育成制度

　日本ビクター㈱は、2003年（平成15年）役員一歩手前のマネジメント層、それに次ぐ層、そして30歳代以下の若手社員と、三つの段階に区切って将来の幹部候補を選抜・育成する制度を導入した。社員は約１万人、その6.5％の646人を選抜した。経営の高度化、グローバル化に対応した人材を、早期に確保し組織の強化と活性化によって、熾烈な市場競争に勝ち抜いていく体制を整える。

　第一の幹部候補者は、役員一歩手前（原則50歳以下）の次世代の150人を、人事部内が決定。

　第二の第一に続く第二世代の候補者（原則40歳以下）は、276人を選抜。

　そして、第三の若手クラス（原則38歳以下）は、220人。それぞれ年１回の見直しをしながら、社員間の競争意識を刺激し合う。具体的な幹部としての育成方法は、当社の当面の経営課題についての事例演習、業界セミナーへの参加などの学習と多様なジョブ・ローテーションが中心となる。

　特に、ローテーションでは、上位管理職（現在部長クラスで300ポスト）の職務の割り当て、海外現地法人トップへの登用など、まさにグローバル化に対応した人材育成を狙っている。

③大和ハウス工業㈱の抜擢人事による特別研修

　大和ハウス工業㈱は、2002年（平成14年）から30、40、50歳代から、過去２年間の人事評価の高い社員を各50人づつ選抜、特別研修を実施することによって、30歳代の支店長、40歳代の取締役を誕生させる抜擢人事を実施する。当社の社員は約１万2,500人、30歳代約4,000人、

40歳代約2,000人、50歳代が約1,000人であることから、大変な競争率であり、大変な刺激策である。

　特別研修は、年齢別に7〜8人のグループ別に、月2回経営改善策などの課題について討議させ、10月に経営陣の前で、成果についてグループごとに発表させる。また、一人ひとりはレポートの提出が義務づけられる。

④宇部興産㈱の「UBE経営スクール」での事業家の育成

　宇部興産㈱は、2001年（平成13年）に「UBE経営スクール」を開講した。これは、東京、宇部両本社の化学・樹脂、建設資材などの各事業部ごとに選ばれた発掘委員（部、課長クラスの16人）が、事業家候補者としての資質をもった社員を探す役目を担う。対象は31〜35歳の年帯とした。それは、約10年間という長期の養成によって、45歳前後で幹部としてリーダーシップを発揮してもらうことが狙いであるからだ。発掘委員によって選抜された候補は4つの条件（事業家としての推進力、対人影響力、自由な発想、倫理観・コンプライアンス）を満たしたうえで、社長直属の選抜委員会が面接し、最終選考に至る。

　候補者は2001年度が17人、2002年度も17人。当の経営スクールでは、月1〜2回（1泊2日）、10月から3月までの半年間、社内外の専門家による研修を受け、最後に当社の抱える実際の課題目標をチームで解決策を作成、担当役員の前で発表する。

　そして、修了者には、それぞれの将来の目標に対して、育成方針が決められ、それの実践として複数の職場での実務に携わることになる。予定どおりの成果へとつながるかどうか、興味をかき立てられる同社の経営スクールである。

⑤中外製薬㈱の「グローバル社員育成コース」

　世界的製薬品メーカー・ロシュ（スイス）の傘下となった中外製薬

㈱は、世界で通用するプロフェッショナル幹部の育成を目指し、その候補者の育成を目指す「グローバル社員育成コース」を設定。

　毎年30歳前後の若手優秀社員を仕事ぶりや異文化適応力などを基準に10人程度選抜。グローバル社員に認定し、国内外のMBAプログラムをもつ大学院やロシュの関連企業に派遣し、修了後は海外勤務を大幅に増やし海外事業関連部内などを経験させ、グローバル社員に育成していく。

⑥㈱日立製作所の「経営幹部育成プログラム」で経営のプロを養成

　㈱日立製作所は、事業部長から係長級までの社員3万人の中から約1,800人（6％）を経営センスをもっているかの判断のもと幹部候補として選別し、経営を担える幹部に育成していく「経営幹部育成プログラム」を2000年（平成12年）から始めている。

　研修は、関連の日立総合経営研修所が行い、幹部候補社員は日常業務をこなしつつ、1年間200時間の研修を受ける。スケジュールの中には、年2回2週間の合宿研修もあり、リーダーシップ、財務管理、マーケティング、M&Aなどの教科に基づいて経営の基礎を学ぶ。コースは、役職別にL1（事業部長クラス・200人）、L2（次長クラス・200人）、L3（課長クラス・400人）、L4（係長クラス・1,000人）に分かれており、L1は社長直属のスタッフや関連会社のトップの重責を担っていける実践的な研修内容が組み込まれている。

　選抜・入れ換えは、1年ごとに行われる。このように、計画的に経営全般に通じるプロの育成に狙いを定めている。

⑦オリンパス㈱の「オリンパス・カレッジ」で中堅選抜社員の特別研修

　オリンパス㈱は、変化の激しい時代に大胆に変革できる若干の人材を育成するため、オリンパス・カレッジ（2002年・平成14年4月開

設)での特別研修を開始した。

　幹部候補生の第一期生（平成14年）は、30代（主任・係長級）・8人、45歳未満の部課長級から5人が選抜され、40代は約5年間、30代は約10年間、通常の仕事をこなしながらMBAと同等の知識を身につける特別研修を受ける。修了時に社長以下の役員の前で成果を発表する。そして、この選抜者の中から、将来は40代で社内カンパニーの長に、30代で本社の部長や子会社の社長に抜擢することが考えられている。幹部候補者は、毎年15人程度選抜していく予定である。

⑧アサヒビール㈱の「アサヒ・スーパー塾」で、将来の期待リーダーを育成

　「挑戦と変革」を経営方針とするアサヒビール㈱は、1999年（平成11年）からの中期5カ年計画で「世界に挑戦する革新創造企業を目指す」には、次代を背負ってたつ40歳前後の中堅ミドルマネジメント（課長クラス）の役割を強化することによって、このクラスの中から選抜をかけ、ビジネス・リーダーとして意図的計画的継続的な育成に取り組む必要性があった。

　そこで、1999年に人事戦略部が中心となり、豊かな発想と挑戦意欲を発揮できる組織風土の創出、変革をプロデュースする戦略的リーダーの育成を目的に、本格的にスーパー塾を2000年に開設したのである。

　現在スーパー塾は、二つに分けられ40歳以下のプロデューサー層が対象の「アサヒ・スーパー塾Ⅱ」と、35歳以下の副課長クラスが対象の「アサヒ・スーパー塾Ⅰ」とがある。

　スタート時の1999年には、19人を選抜し、講義・アクションラーニング・360度診断などを織りまぜ、年4回の集合研修を実施した。これにより、ケース演習を通してのビジネスモデルの理論学習、当社の

図表14　アサヒスーパー塾の基本的枠組み

ビジネスリーダー養成のためのカギとなる要素			
選　抜	研　修	配　置	モニタリング
最も効果的な層から、ベストの人材を確実に選抜する	選抜された人材に対し、集中的に研修を実施する	学習効果に基づき、その成果を発揮し得るポストに配置する	配置後の実力発揮度、学習効果の持続度について観測する

基本方針

1. スーパー塾Ⅰ・Ⅱの2段階実施：教育の成果を検証する場としての「配置」を十二分に意識したものにする
2. フォロー、モニタリングの徹底：重要な人材への投資として、リターンを常に意識する（単なる集合研修に終わらせない）
3. アウトプット重視：理論、知識のインプットではなく、実践に昇華できるものとする（教育＋学習→検証・内省→行動→検証・内省…のサイクルを回す）
4. 強引な意識付け：現経営層がコミットした内容とする
5. アップ・オア・アウト：常に対象層のトップに水準を合わせた内容とする
6. 足りないものを過不足なく提供：対象者のレベルを逸脱しない内容とする
7. 外部講師・機関の利用：一流の講師・業者を目的に合わせて効果的にミックスする。安易な業者任せ、講師任せとせず、無理な内製化もしない

目的および目標

● 目　的
〜中長期的な視点〜
　経営者に抜てきし得る人材へと塾生を成長させる
〜短期的な視点〜
　経営者への道の分岐的となる、重要なポストに配置し得る人材へと塾生を成長させる

● 目標とその達成基準
① グループ全体の「流れを変える」新しいビジネスモデルを経営に提案する
…"研修のための発表"ではなく、ビジネスに実践し得るものを要求する
…"現場の改善"レベルではなく、全社に影響を与える仕事の仕組みの革新や社内ベンチャーと言えるレベルのものを要求する
② 他社のビジネスリーダー予備軍と伍して戦い得るエンプロイヤビリティを獲得する
…ビジネスリーダーの共通言語とも言うべき財務、戦略論理思考、プレゼンテーション、戦略フレーム、リーダーシップ等について、世間で必要とされているレベルを習得する
③ ビジネスリーダーとして組織をリードすることを自らのミッションと認識する
…研修で学んだことを活用して、自らが属する組織の目標に最大レベルの貢献をする
…リーダーとしての自分のキャリアを明確にデザインし、会社に対して宣言する

経営戦略の把握、リーダーシップ能力の理解などの成果を得た。しかし、一方では研修からの問題・反省事項も多く出され、（図表14参照）にみられるように基本的枠組みを構成し直した。スーパー塾Ⅱは、2000年に600人の対象者の中から10人を選抜（40歳以下のプロデュー

図表15 アサヒスーパー塾Ⅱのカリキュラムの概要

区分	研修の役割	目標	具体的内容
第1回	ビジネスモデルを考えるための基礎作り（知識、スキル、意識）	・ビジネスリーダーに必要な知識に関する自分の実力を知る ・ビジネスリーダーにふさわしい思考行動特性について自分の強み・弱みを認識する ・財務・戦略理論思考を習得する ・自分がビジネスリーダー候補であることをマインドセットする	・会長講話「君たちに期待すること」 ・社外講師による講演 ・知識テスト（財務・戦略フレーム等） ・思考行動特性振り返り ・「経営のための財務」講座 ・「戦略的思考」講座 ・社内キーパーソンとの討議 ・経営者との懇談会
知識研修	ビジネスモデル構築のための基本知識研修	・キャリアを切り開くための行動と発想について理解する ・ビジネスモデル構築のための戦略的思考能力を身に付ける ・ファイナンス・アカウンティングの基礎を学ぶ	
第2〜4回	ビジネスモデルの検討	・ビジネスモデル検討に有効な最新の他社ベストプラクティスについて学ぶ ・塾生同士のディスカッションを通じてビジネスモデルの水準を高める ・ビジネスモデル提案に必要なスキルを習得する ・現経営層からビジネスモデル作成に関するヒントを得る	（大学教授による総合プロデュース） ・他社ビジネスリーダー講座 ・教授によるビジネスモデル作成のための他社ベストプラクティス講義 ・役員を交えたビジネスモデル検討討議 （第4回のみ） ・プレゼンテーション、リーダーシップに関する講義 ・今後のキャリアデザインのためのワーク
第5回	ビジネスモデルの提案	・実際にビジネスになり得るビジネスモデルを提案する ・現経営者に対して、自分たちが学んだこと、成長した点について理解してもらうとともに、評価を仰ぐ	・「新しいビジネスモデル」提案書プレゼンテーション（グループ発表。出席者：会長・社長ほか取締役等の経営者、執行役員、教授ほか講師陣） ・提案について参加者が検討し、最終的に経営者がその是非を判断

サー、チーフ・プロデューサー）した。

　選抜基準は、過去2年間の賞与考課の高い者（後に賞与考課と人事考課を一本にしたプロデューサー考課に変更）、能力測定考課、人物評価（特に素養の高さ）、周囲の納得性（選抜に値するかどうかの、上司、同僚からの聞きとり調査）、優先順位（客観的データが同じと

きは、若い人を優先)、同一事業所からは3人以上選抜しない。この6つの条件によって、10人の選抜を行ったのである。その研修カリキュムラは図表15のとおりである。

　研修終了後は、優先配置（成績優秀者が、高度の職務への配置となる）と、一般配置（通常社員と同じ配置）に分けられ、モニタリング評価によって、より高度の配置（支店長、工場長、グループ会社役員など）に就く選抜配置、抜擢配置へとつなげていくことになる。

　こうして、能力と成果により、より高次の昇格・昇進が可能となり、あわせて企業勝ち残りの人材へ賭ける期待度は増々、高まっていく仕組みづくりといえよう。

2. 昇進制度

(1)「昇進基準」とは―

　「昇進」制度とは、「経営組織に応じて秩序づけられた職位体系に基づき、適格者を上位職位に配置変更する」制度である。

　昇進制度の意義は、
　　イ．適材の配置
　　ロ．人材の養成
　　ハ．モラールの高揚
　　ニ．人心の刷新

などが挙げられるが、一般的にはロ．の人材の養成面を強調する傾向が多くなってきている。すなわち、高度の経営管理方式がますます要求される企業にとって、これを担うべき優秀な経営管理者ならびに専門スタッフを得ることは、その将来を制するものとして最大の重要事ということができよう。

　だが、雇用市場が閉鎖的であったわが国においては、随時外部から

必要な人材を求めることは困難であり、結局必要な人材は企業内で常に計画的に養成しなければならなかった。この場合、一般的な教育訓練方式によるほかに、昇進の面において本人に将来期待する職位に必要な知識・経験を得るに、最も適当なコースを系統的に経由させることによって、養成の目的を達成できるからである。

昇進計画の立て方は、
①標準者についての最終役職位の想定とそのコースの設定
②昇進速度の設定
③昇進方式の決定
④昇進系統図の作成
⑤昇進規定・基準の作成のプロセス

をとる。以下、順を追って解説をしてみよう。

①標準者についての昇進コースごとの最終役職位の想定

まず第1に、どの種の社員グループはどのような昇進コースを経由して、どの階層まで昇進させるかを想定しなければならない。グループ分けとは、例えば、a）経営幹部要員コース、b）専門スタッフ職要員コース、c）第1線監督職要員コース、d）特定業務についてのエキスパート要員コース、などである。

この場合、企業内における役職位の構成と学歴別勤続別人員構成との関係、従来の昇進実績などに基づき、慎重に検討せねばならないが、他社における標準ベースをも併せて考慮しなければならない。もし、学歴別だけの基準だけでこの標準コースを作ったとすれば、大学卒は支店長または部長級、高卒は販売主任または課長級などの昇進限度を想定することになろう。今日では、この考え方は通用しないといえる。

②昇進速度の決定

各社員グループごとに、標準者についての一応の最終役職位を想定

しえたとすれば、次はそのコースをどのような速度で昇進させるかの問題である。

　これには企業規模、今後の発展の見通し、現在および将来の学歴別・勤続年数別人員構成、職務部門別構成、従来の各役職への昇進速度、在職平均年数の実績などが総合的に勘案されなければならない。もちろん、後継者養成必要期間、具体的人員充足の可能性、部門間の昇進速度の均衡、昇進もれとなる者のモラールに及ぼす影響、他社との昇進速度のある程度の均衡、各役職位にふさわしい年齢などについても、検討がなされていなければならない。

③昇進方式の決定

　社員を長期的に育成する観点からみると、昇進方式には、「直線方式」と「多角方式」に分けられる。「直線方式」とは、ゴールとなる最終役職位に就くまでに、必要最小限の職を経験させるものをいい、「多角方式」は、さまざまな職を幅広く経験させ、最終役職位までもっていくことをいう。この２つの比較は、多角方式の代表的手段であるジョブ・ローテーションの長・短所をみることで明らかにされる。この狙いは、

　　イ．長年同じ職務にばかりたずさわると、マンネリズム（惰性）に陥りやすいことから、これを打破する

　　ロ．多くの仕事を経験するうちに、各人の本当の適性・職務を発見することができ、いわゆる適材適所主義がとりやすくなる

　　ハ．視野の広い人材が育つ

　　ニ．セクト主義（なわばり争い）の防止に役立つ

などである。

　反面こうした利点は短所につながり、

　　イ．各々の仕事について、浅い知識しか身に付かない

ロ．相当程度に人員の余裕がないと、計画的な配置替えができない

ハ．人の使い方として、ある仕事で習得したものを十分活用することなしに、他の仕事に就かせるのは効率的でない場合も多い

ニ．経験的知識が重視される職場に配属した時、その職場の生え抜きの者との摩擦が生じやすい

ホ．管理者が優秀者や気に入った者を、なかなか手放さない

などの問題がある。

多角方式またはジョブ・ローテーションの長・短所の裏返しが直線方式のそれに当たり、いずれの方式にも長・短所があることから、択一的な適用は避け、各々の事情に応じて両方式を適宜組み合わせることを考えるべきである。

例えば、多角方式を主とする場合でも、

イ．すべての職務をローテーションするのではなくて、最終職位の性格に合わせた一定範囲内におけるローテーションを行う

ロ．同一職位に置く期間を、過度に短くしない。単なる見習い的意味にならぬようにする

ハ．特に、同一人の在職期間の長い方が望ましい職位は、当然その配慮をする

ニ．職位のローテーションを行うのに効果的な入社後の時期を、それぞれの事情に応じて十分検討する

などの注意がなされていれば、短所がかなり補われる。

いずれの方式を採用するにしろ、どの範囲の職務を同一の部門とするかが明確にされていなければならない。例えば、総務・人事・経理、仕入れ・配送、販売・宣伝広告などのように。

④昇進系統図の作成

社員を具体的にどのような経路をとって昇進させていくかを、最終

図表16 モデル昇進コースの例

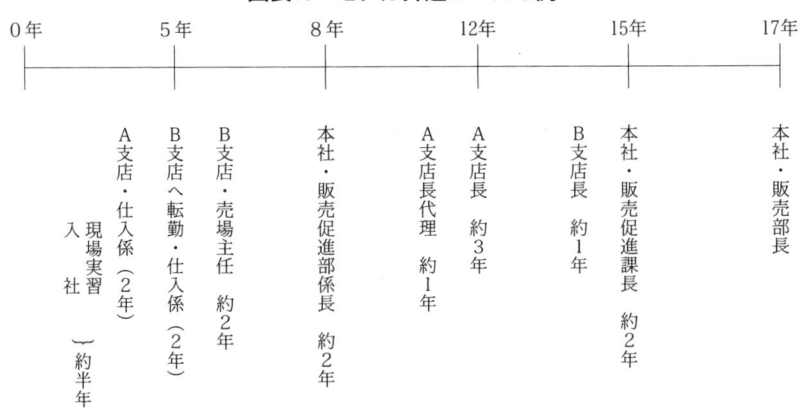

```
0年        5年      8年        12年       15年      17年
|---------|--------|----------|----------|---------|
```

- A支店・仕入係（現場実習）約半年　入社
- A支店・仕入係（2年）
- B支店へ転勤・仕入係（2年）
- B支店・売場主任　約2年
- 本社・販売促進部係長　約2年
- A支店長代理　約1年
- A支店長　約3年
- B支店長　約1年
- 本社・販売促進課長　約2年
- 本社・販売部長

職位、昇進速度、昇進方式をすべて含めた図によって表わす。いわば、モデル昇進コースの決定でもある。例えば、図表16のようなコース設定となる。

⑤昇進規定・基準の作成

昇進規定の体裁上、昇進基準、昇進ルール、昇進手続きなどのいっさいを1つの規定でまとめることは、事柄の性質上適当でない。むしろ、内規的な形で最高幹部ないし人事部門の責任者が、人事運用の基準として用いる部分と、昇進規定または準則の形で一般社員にも周知させ、これによるモラールの高揚を図る部分とに分ける方が実際的である。昇進規定の内容としては、次のようなものが考えられる。

1）昇進制度の基本的事項
　　イ．昇進コースの種類
　　ロ．昇進速度
　　ハ．昇進方式
　　ニ．昇進配置の部門別区分
2）昇進配置の基準的事項

イ．職務部門別昇進経路

　ロ．昇進基準

　ハ．昇進者に対する教育訓練と実施要領

３）昇進手続き

　イ．昇進時期

　ロ．昇進決定の手続き

　　（昇進の申請、審査・決定の手続き、審査方法・審査機関、昇進決定権者）

⑥人事記録簿の種類・様式、保管・利用方法と昇進基準

　人事記録簿の種類・様式、保管・利用方法と昇進基準には、

　１）学歴を中心とするもの

　２）年功を中心とするもの

　３）能力・実績を中心とするもの

とがあるが、３）の要素を多くして１）と２）は、参考程度の配慮で十分である。もちろん、昇進職位の資格要件が職務内容の要請から明確に示されれば、それに条件の合う適格者を選抜すればよいのだが、必ずしも明確な資格要件が見い出しにくい場合には、これらを混合して基準が作成される。それには、職務分析の科学化として人事評価制度の確立が望まれる。

第3章 昇格・昇進制度の展開

1．高学歴化・高年齢化現象と企業内昇格・昇進審査

　これまで述べてきたように高学歴化・高齢化現象が進む中で、人事管理の適正な運用は、より重要な課題となっている。人材の育成・活用という共通の問題にどう取り組み対応していくかは、人づくりとともに、その選考システムの設計が特に重視されているのである。昇格・昇進試験制度における審査基準は、この要請に的確に応えるものでなければならないが、低成長下における新しい方式を実施しなければならない段階となった。

　試験制度の運用に当たっては、昇格選考と昇進選考は、本来別個のものでなければならない。繰り返しになるが、昇格と昇進について再度定義しておこう。

・「昇格」とは、各人のもっている一定の要件に基づいて、資格制度の職級・等級などの段階を昇る資格昇進のことをいう。
・「昇進」とは、役職の昇進および役職者への昇進をいう。つまり、一般的には企業の中で、上位の地位（役職位）に就く役職昇進をいう。

　そこで、この2つの選考をみると、上位等級もしくは上位役職に位置付けるうえで期待する要素のなかには、相共通する要素もみられるが、「何を基準にして、何を要請するか」ということになると、昇格・昇進には、それぞれ異なることを期待することになる。

　量的な昇格もしくは昇進を容易にしていく時代は明らかに終わった。

昇格であれ昇進であれ、上位クラスは難しくなり、選考はよりシビアにならざるをえない状況にある。

　つまり、昇格・昇進の道が険しくなることは、別の観点からすれば、昇格・昇進ができない層も増えつつあることを意味している。管理職予備軍の多量の発生も、これと関連している。

　社員サイドからみれば、なにゆえ昇格・昇進できなかったかについて、納得がほしいところであろう。もちろん、昇格・昇進も社員各人の職務能力・キャリアなどを総合評価して決定するわけであるが、その際の尺度に、何を用いるかを明らかにしておかなければならない。また、次の機会への挑戦の場も設けておくことも必要である。

　このようにみてくると、昇格・昇進基準のうち、とりわけ筆記試験を中心とした試験制度は、そうした際の判定尺度となりうるし、実際に判定尺度として活用している企業例が多い。それは、主に知識の高さを評価するうえで、有効な物差しとなっているのである。

　ただ選考時においては、対象者の総合評価を通じて判定するわけであるから、試験制度は判定領域の一部分にすぎない。この認識をおろそかにすると、かえって試験制度の機能を歪めることになり、選考への信頼を弱めることにつながる。

　つまり、筆記試験で判定するのは、知識偏重となり無理であるとか、ペーパーテストだけで能力レベルを判定されては困る（学歴・学力差への危惧）といった苦情がでてくる。決して筆記試験に偏重していなくても、そのような印象を与えているとすれば、昇格・昇進選考運用に問題あり、として素直に受け止める必要もあろう。

　改善して、企業内試験の必要性について理解を得る措置をとらねばならない。同時に、企業内試験の内容（筆記試験、適性多面観察、ヒューマン・アセスメント、適性検査、面接、実技、論文など）につ

いても、実施方法、運用ルールを明示しておくことが大切である。

2. 試験の信頼性・妥当性・合理性・納得性・客観性を高める

　適正な昇格・昇進が行われるためには、その選考・評価システムがトータル人事管理制度の中で、どのように位置付けられているのか、という企業内試験に対する信頼性・妥当性・合理性・納得性・客観性が不可欠の要件である。

　昇格・昇進が一部の地位ある人、発言力の強い人によって左右されたり、特定の人の恣意によって決まったりするようなことがあってはならない。昇格基準、昇進基準に基づいて、査定するというルールを確立することが重要である。

　次に、その5つのルールについて述べよう。

イ．信頼性のあること

　　企業内試験における信頼性とは、同一要件のもとでは同一の結果が得られることを指す。それは、企業内試験の選考基準が明確に示されていることが要件であって、それに照応して評定する結果が一定であることを内容としている。公平な評定が行われることが当然とされるとともに、評定者は公正に基準と対比し、基準にふさわしいものかどうかを吟味し、判定しなければならない。

　　信頼性を高める努力が全社的な形で進められ、実施されるように工夫すべきである。

ロ．妥当性のあること

　　企業内試験における妥当性とは、測定しようとしているものを、確実に測定していることを指す。

　　昇格・昇進の目的に即した選考方法が行われることが大切である。例えば、課長昇進では、マネジメント・スキル（コンセプチュア

ル・スキル、ヒューマンスキル、テクニカルスキルなど)、マネジャーシップ、パーソナル・アビリティとしての適性(資質、将来性)を重視し、そのウェイトをどの程度にするか明らかにしておくことだ。

試験内容についていえば、それぞれの資格等級もしくは役職位にふさわしいものを提示し、選考のポイントを絞ることである。

ハ．合理性のあること

企業内試験における合理性というのは、実施が円滑に行われ、受験への意欲を失わせないことを指す。試験の実施から結果発表まで

図表17　大手企業の資格別昇格要件（A社の例）

職能ランク	資格等級	最短在級年数	人事考課成績	職能評定	論文審査	面接審査	総合審査
上級管理専門職	参事1級（15等級）		○				○
	参事2級（14等級）		○			役員面接 ○	○
一般管理専門職	参事補（13等級）		○				○
	副参事1級（12等級）		○				○
	副参事2級（11等級）		○		○	役員面接 ○	○
上級	主事1級（10等級）		○				○
	主事2級（9等級）		○				○
	主事補（8等級）		○	○	○		○
中堅	7等級		○				○
	6等級	○	○				○
	5等級	○	○	○			○
一般	4等級	○	○				○
	3等級	○	○	○			○
初級	2等級	○	○				○

（注）最短在級年数は、前の等級でそれぞれ2年ずつとする。

図表18　大手企業の昇格運用基準（B社の例）

等級	職能基準評定	考課成績 能力	考課成績 態度	考課成績 業績	試験	研修（階層別）	面接	最短職務経験年数
16								
15	○							
14		Ⓢ		Ⓢ		管理職コース ○	役員面接	
13	○	Ⓐ		AA～Ⓢ				
12	○	Ⓢ	Ⓐ	Ⓐ	社会見識（研修）	初級管理者コース ○		2
11		Ⓐ	Ⓐ	Ⓐ	専門知識レポート			1
10	○	Ⓑ	Ⓐ	Ⓐ	（適性テスト）		役員面接	1
9		Ⓐ	Ⓐ	Ⓐ		中級社員コース（仕事の管理） ○	総務部長 事業場長	2
8		Ⓑ	Ⓐ	Ⓐ	筆記試験レポート			1
7	○	Ⓐ	Ⓐ	Ⓐ				1
6		Ⓑ	Ⓐ	Ⓐ	管理技術の基礎	TWI ○	○	2
5	○		Ⓑ	Ⓐ				1
4		Ⓐ	Ⓑ	Ⓐ	実　務　知　識			2
3	○	Ⓑ	Ⓑ	Ⓑ				2
2			Ⓑ	Ⓑ				2
1								3

（注）　S…抜群　A…優秀　B…普通　C…やや不十分　D…不十分

の流れを、スムーズにさせるように配慮するとともに、試験内容（出題、採点、時期など）についても、昇格・昇進の意義を勘案して検討を加える必要がある。

　一方、企業内試験の対象となる社員受験者にとって、挑戦してみようという意欲を持たせる運用にしなければならない。受験への意欲を社員が持ち期待するのは、企業内試験が有効に作用していることを示すこととなる。

　したがって、企業内試験による判定の後、その結果について受験に対して説明し、今後どうすべきかを面接指導するという能力開発の方法の徹底も軽視してはいけない。

ニ．納得性のあること

　企業内試験における納得性というのは、出題方法・内容・配点などが、受験者の納得と理解を高めるものであり、参画意欲を失わせないことを指す。とりわけ出題傾向に、「努力すればできる」という印象を与えることが必要である。

ホ．客観性のあること

　企業内試験における客観性とは、制度全体との整合性のあることだ。整合性があって始めて企業としての客観性を持ち得ることになるのであり、客観性は不偏的なものとして、始めから備わっているものではない。客観性は、制度自体がそれぞれの企業の中に定着して、初めて成り立つものである。

3．企業内試験制度と人事システムとの連動

　能力開発を目指す人材育成施策の展開は、能力の活用と処遇への連動と併行して、人事評価システムとの関係を有機的に結合する。それぞれの能力発揮度を評価し、昇格・昇進の選考時に実績として勘案するわけである。その選考時に、企業内試験は判定資料として用いられることになるが、企業内レベルの向上を図るうえでも、人事システムとの連動は、一定の比重をもっている。

　人事制度を円滑にかつ有効に推進するためには、企業内試験が信頼性・妥当性・合理性・納得性・客観性を備えることが大切なことは、すでに述べた。そこで、社員各人の能力をいかに伸ばし、処遇に結びつけるかが運用上の課題であるとすれば、この前提をしっかりと認識しておかなければならない。

　そこで、人事システムとの連動に当っては、次のようなトータル人事システム化が必要である。

イ．社員各人の能力を開発し育成するための制度の設定
ロ．社員各人が発揮した能力レベルを、的確に評価するための制度の設定
ハ．評価の結果に基づいて、相応の処遇を行うための制度の設定
ニ．能力水準をさらに向上させるための機会の設定

4．企業内試験の内容

　企業内試験制度は、昇格・昇進、職種転換、能力検定、海外派遣・留学などの選考時に特に活用されている。その対象範囲は広がる傾向をみせているが、それだけに運用に際しては適正を期さなければならない。

　まず、現行の制度が必要であるとの認識を、どれだけ企業内で得ているかということがポイントになる。制度があるから実施しているといった運用意図ならば、説得性に欠けるものといわざるをえない。企業内試験制度は、必要であるから実施し、現在考えられる範囲において有効かつ適切である、という内容にすることが認識を高める方法である。

　すでに昇格・昇進における年功的要素（勤続、学歴、年齢）のウエイトは軽減されつつある。いわゆる、能力・実績要素が重視されるようになり、この動きは大企業から中小企業へと徐々に広がってきている。企業規模による相違よりも、各企業の人材育成の狙いに基づき、能力のウエイト付けが決められる。そうした意味で、管理職・専門職・エキスパート職への昇格・昇進は、ポスト不足とその候補者増によって、側面からいやおうなしに能力重視の選考方法を促しているのである。

　企業内試験制度は、おもに次の6つの手法から成り立っている。

イ．筆記試験
ロ．ヒューマン・アセスメントなどによる適性多面観察
　　アメリカで開発された手法で、特に管理者候補を対象に合宿形式で行い、メンバーの発言内容、性格、知識の度合いなどを多面的に分析・検定して、管理職にふさわしいかどうかの判定基準として活用する。また、キャリア開発としての活用の度合いも大きい。
ハ．適性検査（性格検査も含む）
ニ．面接
ホ．業務改善を中心とした論文・作文
ヘ．実技テスト

5．これからの企業内試験の運用

①昇格・昇進審査には、企業内試験を各種の制度・方法と有機的に結びつけて併用させ、多面的な選考となるように工夫すること。昇格・昇進についての評価方法として、人事評価、所属長の推薦、公的資格の採用、選考会議の開催が多く用いられる。
　　また、自己申告制度、教育研修の履修状況と評価、アセスメント・プログラムなどがあり、これらの方法と企業内試験を適切に組み合わせ、選考目的と符号するように進める。
②それぞれの選考基準要件を明確にしておき、試験科目と内容は、合格点の範囲においてはあらかじめ指定した範囲から出題することも、1つの方法である。
③企業内試験のスムーズな実施を図るために、信頼性、妥当性、合理性そして納得性・客観性について、十分に検討して改善を加える点を確認する。
④企業内試験の問題は、職掌・職種・職務内容に関連したものを取り

上げ、特に専門知識、専門技術・技能を重視して、より高度のものを習得する機会をつくりあげる。
⑤企業内試験の作成は、社外依頼・社内出題の2つのタイプがあるが、一般教養や常識問題は社外でいいとしても、業務に関する問題は社内運用が望ましい。出題の意図を明らかにし、それを反映した業務関連問題として作成することが必要である。
⑥企業内試験は、能力判定機能だけに限定しないで、もう1つの機能として、社員の能力育成と結びつける方法を講じること。試験結果を生かし、補強すべきところを指示、助言していく態勢を設定することである。

　このように選考のもつ意義、その際の選別判定の難しさについては、論を待たないところであるが、今日の人事管理が当面している現象、さらに今後の人事管理をめぐる環境を予測するとき、選考判定の機能は一層重要であり、避けられない手法となる。
　それだけに、選考判定の難しさの中から、より信頼性・妥当性・合理性・納得性・客観性の高いものをつくりあげていかなければならない。
　企業内試験制度は、あくまでも昇格・昇進などにおける選考判定の手法ではあっても、それがうまく機能するかどうかは、制度自体の有用性を問うだけにとどまらない。試験制度の運用いかんによって、人材育成の進展、職場の活力化などに波及してくることは必至である。
　社員レベルの向上と評価・処遇を円滑につないでいく体系と運用ルールにおいて、まず基準を明確にしておくこと、つまり企業サイドとしての昇格・昇進のニーズを明らかにしておくことである。
　人づくりの基調にそって、人事制度は運用されるわけであるが、い

うまでもなく企業内試験制度はその1つの機能であり，波及する影響度は測り知れないものがある。高学歴化・高年齢化現象に取り組んで行く際にも，これら信頼性・妥当性・合理性・納得性・客観性に留意しなければならないのは，そのためである。

第4章 昇格・昇進基準の運用

1. 昇格・昇進基準の運用のあり方

①資格等級制度が、有機性をもって動くための、昇格基準を確立すること。

②3選の原理を適用し、納得あるシステムの中に繰り込まれること。

　3選（選択、選抜、選別）のための機会の付与（教育研修体制と自己啓発）と場づくり（自己申告、ローテーションなど）を行うこと。

③「昇格基準」と「昇進基準」を分離し、運用すること。

　昇格基準を中心とし、卒業方式、折衷方式、入学方式を、各資格等級レベルに合わせて活用していくこと。

　以上の3つを効果的に運用していくための着眼点は、

イ．昇格・昇進について、はっきりとした方針を明示すること。

ロ．昇格・昇進の評価基準、評価方法を整備すること。

ハ．資格等級基準（職務基準・職能基準）を明らかにすること。

　役職位の組織上の位置づけと期待・遂行役割、責任度を明示すること。

ニ．「目標管理制度」や「職務・啓発目標チェック表」と連動させて、自己評価による能力の把握、向上を支援する仕組みであること。

ホ．社員個々人の特性、持ち味を把握し、有効に活用・伸長のための機会をつくること。

を実践・運用していくことである。

2．昇格基準の考え方

　資格等級制度における昇格とは、『現在、在級している資格等級の枠の中で、期待され要求される知識、技能、経験（習熟）、責任、資格などの要件を完全に満たし終ったときに、上位の資格等級へランクされる』ことを意味する。

　つまり、昇格とは、前述のように「資格昇進」（資格、職級、等級などへの昇格）のことをいうのである。

　これに対し、昇進とは、「役職の昇進および役職者への昇進」のことをいう。

　自社における資格等級制度は、資格と役職を分離することによって、
　イ．ポスト不足への対応（管理職候補者層への不安と動揺を取り除く）
　ロ．少数精鋭体質への移行
　ハ．組織の簡素・短縮化の推進
　ニ．中高齢化現象への対応
　ホ．職務基準、職能基準に見合った処遇

に、十分応えうる仕組みづくりの基本をなすものである。そこで、昇格基準は、次の考え方によることとする。

＜方　式＞
①卒業方式
　　現在の資格等級の求める能力基準を中心とした昇格条件を充足したときに、昇格する。人事評価、一般常識テスト、上司推薦（審査）が中心で、現等級での資格要件を満たせば、上位の資格等級に

図表19 中小企業の昇格基準（U社の例）

職務	資格等級 資格	滞留年数 最短	(標準)	(最長)	人事評価	試験 筆記	面接	論文 業務	アセスメント	推薦	審査会	公的資格等
管理職務	M-7	年-	年-	年-	○							
管理職務	M-6	-	-	-	○		○	○		○	○	
指導職務	S-5	3	-	-	○	◎	○	○	◎ (合宿)	○	◎ (発表)	○ (参考)
指導職務	S-4	3	(5)	-	○	◎				○	○	○ (参考)
担当職務	J-3	3	(5)	-	○	◎		△ (作文)		○	◎ (発表)	○ (参考)
担当職務	J-2	3	(4)	(7)	○					○		
担当職務	J-1	3	(4)	(7)	○					○		

（注）滞留年数の標準、最長は、参考までとする。

⬇

（具体的内容）

職務	資格等級 資格	職能基準
管理職務	M-7	経営学、国際情勢、日常的自己啓発経営政策
管理職務	M-6	経営学、国際情勢、自己研修の課題とその実施方法
指導職務	S-5	業界知識、財務知識、組織人事論、リーダーシップ、自己および部署についての重点課題
指導職務	S-4	一般教養、リーダーシップ（初歩）、自己の長所の発見とその伸長法
担当職務	J-3	コンピュータ知識、グループダイナミックス、執行と専門についての自己選択とその基準の発見
担当職務	J-2	文章作成法、経理知識、チームワーク、自己指向性の発見
担当職務	J-1	当用常用漢字、計数知識、コミュニケーション

位置づけられる。比較的低位の資格段階が対象となる。

②折衷方式（認定昇格）

現在の資格等級の求める能力基準を充足し、なおかつ上位等級の求める能力の一定の保有があると認められた時に昇格する。卒業方式の中における能力のレベルを、試験制度（筆記、実技、論文など）や教育訓練などによってみるもの（もちろん、人事評価、上司推薦（審査）は、当然含まれる）で、（卒業方式＋入学方式）÷２の考え方による。中堅層から新任管理・監督者層への昇格基準としての運用に適している。

③入学方式（合格昇格）

現在の資格等級の求める昇格基準を充足し、なおかつ上位等級の求める能力があると認定され、認定の試験に合格したときに昇格する。現在の資格要件を満たしていることを当然と考え、それよりも

図表20　中堅企業の昇格要件（Ｊ社の例、総合職用）

〔対象：エリア社員、本部社員〕　　　　　　　　　　（要件表の見方：現等級より次等級昇格への要件）

職能ランク	資格等級	人事考課(評価)	最短在級年数(年数)	教育研修	自己啓発	面接審査(評価)	論文審査(評価)	筆記考査(評価)	適性検査
上級統括管理職能	10								
統括管理職能	9	◎				○	○		
上級（高度専門）職能	8	◎	◎	◎		○	○		
管理（専門）職能	7	◎	◎	◎					
指導監督・エキスパート職能	6	◎	◎	◎	□	○	○		
指導判断職能	5	◎	◎	◎	□			○	○
高度定型指導援助職能	4	◎	◎	◎	□				
熟練定型職能	3	◎	◎	◎	□			○	
一般定型職能	2								
定型補助職能	1								

◎　昇格１次要件（審査・考査・検査を実施するための必要要件。審査・考査・検査のない場合、十分要件）
○　昇格２次要件（昇格１次要件を満たすことにより、各審査、考査、検査を実施）
□　昇格１次要件、加点要素

図表21　ポイント制による昇格基準（一部）（J社の例）

		配点	1等級→2等級	5等級→6等級	6等級→7等級	8等級→9等級
第1次昇格要件点数 (点数は昇格ごとに計算)			16点以上	25点以上	27点以上	34点以上
最短在級年数（B1基準）年齢			2年　20歳	3年　31歳	3年　34歳	4年　42歳
標準在級年数（B2基準）年齢			3年　21歳	(5年　38歳)		
昇格要件項目		配点				
第一次要件	在級年数 (必要要件)	1年に付き 2	最短在級年数＋1年まで上限とする 上限点数3年×2=6	最短在級年数＋1年まで上限とする 上限点数4年×2=8	最短在級年数を上限とする 上限点数3年×2=6	最短在級年数を上限とする 上限点数4年×2=8
	昇給考課 (必要要件)	A 7 B1 5 B2 3 B3 1 C 0	基準点10（B1×2） 例： A、B1=12（2年） B1、B1=10(2年) B1、B2、B2=11（3年） B2、B2、B2、B2=12（4年）	基準点15 （B1×3）	基準点15 （B1×3）	基準点20 （B1×4）
	教育研修 (社内・社外) (必要要件)	1講座修了と修了考査合格 2～3	基準点2 ＊1～2講座を標準設定	基準点4 ＊2講座以上を標準設定	基準点6 ＊2講座以上を標準設定	基準点6 ＊2講座以上を標準設定
	自己啓発 (加点要素)	指定講座修了と社内考査合格 2	＊指定講座と配点設定	＊指定講座と配点設定	＊指定講座と配点設定	なし
	表彰、資格 (加点要素)	1件 2～3	＊項目と配点設定	＊項目と配点設定	＊項目と配点設定	なし
	上司の推薦			○	○	○
	考課追加条件			＊直近考課B1以上 ＊受検資格は3回まで	＊直近考課B1以上	＊直近考課B1以上 ＊受検資格は3回まで ＊期間中A1回以上
第2次昇格要件			なし	第1次昇格要件を満たした上で ＊一般職 　筆記考査合格 ＊総合職 　2次査考10点以上		第1次昇格要件を満たした上で ＊総合職 　2次試験12点以上
第二次要件	筆記考査	マニュアル、規程集、教育研修テキスト、用語集等から出題 （内容共通）	なし	＊一般職70点以上で合格 ＊総合職 良(60点以上) 3 優(80点以上) 4 秀(90点以上) 5	なし	なし
	論文審査	事前に複数のテーマを設定し選択論述 （社内外審査員）	なし	なし	＊一般職はなし ＊総合職 良(60点以上) 3 優(80点以上) 4 秀(90点以上) 5	＊総合職 良(60点以上) 3 優(80点以上) 4 秀(90点以上) 5
	面接	審査委員会 （役員、人事部長）	なし	なし	＊一般職はなし ＊総合職 良(60点以上) 3 優(80点以上) 4 秀(90点以上) 5	＊総合職 良(60点以上) 3 優(80点以上) 4 秀(90点以上) 5
その他	適性検査	Mgr職能適性 タレント職能適性等の判断材料		6等級昇格時に適性試験を実施	なし	なし

上位資格等級としての期待し要求するレベルを十分にこなしうる能力があるかないかを、事前にチェックし、判定したうえで、昇格させるもの。管理者層の段階でみるものである。

＜昇格基準＞
①在級年数（最短が基準、標準は参考程度とする）
②人事評価（昇格直前からみての人事評価の結果。在級年数と組み合わせるか、昇格直前の評価とするかのいずれかによる）
③試験〔筆記、論文、面接、実技、口述、グループ討議（教育研修との連動）、アセスメント・適性検査など〕
④推薦（上司、役員）
⑤審査会（階層によって書面審査、発表・面接審査などを行う）

3．降格について

　資格等級制度において、職務遂行能力の停滞や低下があるとみなされる場合、現有等級での能力要件の向上がみられず昇格ストップということがあっても、降格はあまり考えられなかった。
　しかし、「特別昇格」や「飛び級昇格」があれば、それに対する「降格」基準があってしかるべき、ということが成り立つといえる。
　これを、降格基準を明確に規定しているスーパーマーケット・S社（年商500億円、東京都）の例にみてみよう。

＜降　格＞
　能力主義に基づく資格等級制度においては、能力の変化に対して等級が定まる。したがって、能力の著しい低下、業績の低下、向上意欲の減少・停滞に対しては、降格が行われる。

<降格の対象>
(1) 能力が著しく低下し、かつ能力向上の意欲が認められない場合、具体的には2回連続して昇格考課がC以下であった場合
(2) 本人が現等級の職務外の下位等級に該当する職務に異動を願い出た場合
(3) 過去1年間に減給または出勤停止以上の処分を受け、反省の態度が認められない場合

<降格の決定>
　管理部長または役員が面接し、管理部長が決済し役員会の承認を得て決定する。

<降格の実施>
　決定月の給料より実施し、以後は通常の昇格要件に従う。次の場合には、原等級へ復帰できる。

<原等級への復帰>
(1) 降格後、最初の昇格考課がA以上であった場合
(2) 意欲・マネジメント面での向上が顕著であり、第1次考課者による復帰願いが出された場合

4．試験内容について

　昇格試験は、上位の資格等級にふさわしい程度までに、能力が伸長・向上したかどうかを測定・評価し、それを認定するための1つの方法である。
　試験制度は、特定時点のある知識・技能・習熟などを含めた理解・修得度合を測定するものであるから、部分的・局面的な評価方法である。
　したがって、「ある資格にふさわしい」という全人格的な可能性や

将来への潜在的能力を測定・評価するためには、試験制度は不十分であり、妥当性は必ずしも、満足とはいえない。そこで、これらの長所、短所を十分に認識したうえで、試験制度を活用することが望ましい。そのための試験内容については、次のようなことが挙げられる。

【試験の内容】
　一般教養常識、業務知識、専門知識、経営管理知識、課題解決能力、管理職もしくは専門職の適性、知的能力、リーダーシップ、経営理念、会社方針、部門目標などの理解・判断力についてみる。

【試験の原則】
イ　納得性（試験における出題のあり方、試験問題の内容や採点方法などで、受験者の納得と公正さが十分考慮されている）、客観性（制度全体との整合性がみられ、受験者にとっても客観的判断基準に立てることが、考慮されている）のあること。

ロ　信頼性（同一要件のもとでは、同一の結果が得られる。つまり、試験の選考基準が、明確に示されている）のあること。

ハ　妥当性（測定しようとしているものを、確実に測定している。例えば、管理職群への昇格については、管理能力、リーダーシップ、適性を重視して、そのウエイトをどの程度にするか、明示する）のあること。

ニ　合理性（試験の実施が円滑に行われ、受験の意欲を失わせない。試験の内容についても、昇格の意義を勘案し、十分なる検討をする）のあること

をみきわめて実施することである。

図表22 ポイント制による昇格資格要件（F社の例）

グレード	資格等級	年齢 大卒	年齢 短大卒	年齢 高卒	在級等級取得ポイント 大卒	在級等級取得ポイント 短大卒	在級等級取得ポイント 高卒	累計到達ポイント 大卒	累計到達ポイント 短大卒	累計到達ポイント 高卒	昇格試験	推薦	承認審査
M（マネジメント層）	9等級	35歳			—ポイント			220ポイント				役員	審査委員会→社長
	8	32			25			190			論文審査	役員	審査委員会→社長
	7	29			37			140			面接審査	役員・部長	審査委員会→社長
	6	27			27			110			筆記考査	部長	人事部長→社長
S（中間指導層）	5	25			25			65			面接審査	部長・店長	人事部長
	4	23			23			40			筆記考査	課Mgr・店長	人事部長
J（一般職層）	3	22	21	21	20	21	22	(20)	17	15		課Mgr・店長	人事部長
	2	—	20	19	—	7	8	—	(10)	5		課Mgr・店長	人事部長
	1	—	—	18	—	—	5	—	—	—		—	—

5. 昇格基準の具体的運用

①人事評価重視へ変化の兆し

　昇格要件の内容の中で、人事評価の占めるウエイトは、まだまだ高い。日常の職務行動を通しての業績の把握、能力の推定と把握、やる気の涵養を捉えるという、現在考えられる最善の方策が、人事評価であるわけだ。人事評価は、賃金の査定に使われることが最も多いが、人事評価の評価項目・評価要素の内容をつぶさに検討してみた場合、それはまさしく階層別（マネジメント層、指導職層、一般職層）のスキルの評価そのものであり、おのずと能力評価へとつながっている。

　したがって、まだまだ数多くの企業が人事評価制度の評価結果を昇格・昇進制度に活用しているわけであるが、最近、人事評価の結

果そのものを点数（ポイント）に変えると同時に、能力開発の要件も、ポイントに置き換え、持点数によって人事評価のもつマイナス要素を避けたり、社員の向上心と努力の度合いを買おうという企業が出てその好事例を流通業F社にみることができる。

ところで、人事評価において注意を要することは、人事評価の公正性・納得性・妥当性・信頼性をどのように保持するかということである。この問題を抜きにして、人事評価の優先性はあり得ない。

また、いま1つの注意事項として、評価者（調整機関としての審査・会議も含む）の「質」と「行動」と「レベル」の向上が、大きく問われるということである。マネジメント層の厳しい自己能力の向上があってこそ、人事評価そのものも、前述の要件を満たしていくものと考える（図表20参照）。

図表23　昇格試験の標準区分

職業による仕事区分	階層区分／試験問題区分	中級上級クラス (A)	社員職長クラス (B)	主任クラス	係長クラス (C)	課長クラス (D)	部長クラス (E)
（Ⅰ）事務・営業部門	(1) 一般常識	①国語　④法律・規程　⑦理科 ②数学　⑤社会・時事 ③英語　⑥業務関係等					
	(2) 作文・論文	①作文（論文）			②論文		
	(3) 専門知識	①専門 ②業務			①専門　⑦人事労務・教育 　　　　④販売 　　　　⑨財務・経理 　　　　㊀経営 ②業務	など区分なし	
（Ⅱ）技術・開発部門	(4) 一般常識	①国語　④法律・規程　⑦理科 ②数学　⑤社会・時事　⑧化学他 ③英語　⑥業務関係等					
	(5) 作文・論文	①作文（論文）			②論文		
	(6) 専門知識	①専門 ②業務			①専門　⑦物理　㊀電気　㊄語学 　　　　④数学　⑤機械 　　　　⑨化学　㊆金属 ②業務　その会社独自の分類は、 　　　　そのままの区分とした。 　　　　（EX．マーケティング、品質管理～）	など	

②面接制度で、企業の政策・方針、マネジメント・マインドの把握

　面接は、直接的には本人の業績の裏にある能力・ヤル気の把握、企業の方針・政策等の熟知と把握、マネジャーや専門職としての行動要件の把握などを行い、適性検査や試験制度による間接的な本人資質の側面をみることと併せて実施される。また、面接を通しての企業への貢献度の推定、リスクに挑戦する意欲の一面も、ある程度は捉えられよう。

　そして、何よりも、上位の資格等級や上位の役職位への期待感を、どの程度見抜くことができるかということであろう。このことが、面接重視による昇格要件としての意味づけである。

③能力開発制度への結びつき

　能力開発の根幹は、自己啓発による自己形成であり、それが結果として個人目標の遂行と企業・組織目標の達成と一致する方向へ結びつくことである。しかし、その反面、企業は法人としての永遠なる成長・発展を続けていくためには、企業サイドにおける社員の潜在能力の引出しを、企業目的に沿って実施していくことが問われるわけだ。

　つまり、市場競争における企業間格差は、商品競争ではなく、「人質」競争そのものであるとの認識のもと、人質への投下が何よりも重要度を高めているということに、確実に気付き出した証左なのである。

　そのためには、階層ごとの節々（または資格等級ごとの節々）において、社員に対し職務との関係で期待し要求される能力レベルの把握と評価を、教育研修（社内研修、社外研修、通信教育、公的資格の取得等）を通して見つめ、昇格基準に取り入れることこそ、必要とみなしたわけである。

④ますます増える試験制度

　企業内試験制度は、昇格・昇進、職種転換、能力検定、海外留学などの選考時に、特に活用されている。その対象範囲は広がる傾向をみせているが、それだけに運用に際しては適正を期さなければならない。筆記試験によって、知識（業務知識・専門的基礎知識・一般的基礎知識）を分析し、考え方を把握することはできる。ただし出題、採点とも実施段階では難しい作業となる（図表23参照）。

筆記試験

●4等級昇格試験（F社の例）
　一般職掌・3等級から事務企画職掌、マネジメント補佐職掌、エキスパート補佐職掌の各4等級への昇格における筆記考査の内容は共通とし、次のとおりとする。
①流通企業社員としての基本的な知識を有することと、F社の社員としての常識として、各種制度やマニュアルを十分理解していること。
②筆記考課は、下記により出題する。
・F社用語集
・トータル社員処遇制度の手引書
・F社規程集
・各種マニュアル

●6等級昇格試験
①F社のマネジャークラスとして必要な知識を身に付け、ある程度の管理業務を遂行しかつ部下を指導できる程度の知識・技能を有しているかを審査する。
②筆記考課は、下記より出題する。

・F社マネジャー・ハンドブック（労務管理編）
・F社マネジャー・ハンドブック（計数・情報管理編）
・F社用語集
・F社規程集

論文試験

　論文審査は、主に中堅・管理専門職としての習熟能力や総合的論理判断能力を見るために実施される。特に、現在から将来にわたる自社の経営政策にかかわるテーマや自部門の業務改善テーマなどが多い。
　実施に当たっては、イ．出題テーマ、ロ．記述要領、ハ．審査方法、ニ．審査基準（例えば、問題の把握・テーマの設定、施策および見解の妥当性と具体性、論理展開能力、文章構成など）、ホ．判定基準などが明確に定められ、評価の基準が明確化されることが必要だ。3社のケースを挙げると、図表24、25、26のような実施要領となる。

図表24 〔K社の例〕

下記のテーマから1つ選ばせ、上位等級の立場から論述させる。

(1) あなたが所属する部門におけるマーチャンダイジングの強化策について、あなたの考えを具体的に論述してください。
(2) あなたが所属する部門が業務推進上抱えている課題の中で、何が一番の問題だととらえ、それをあなた自身がどう解決すべきと考えているかについて、具体的な解決策を論述してください。
(3) あなたが実行しようと考えている業務上の重点目標を挙げ、それをどのように推進していくか、その考えを具体的に論述してください。

〈記述要領〉
・社内設定用紙10～12枚。
・1枚目の1行目に所属、氏名を明記。
・本論は論文テーマから2行空けて書き始めること。以下1行ずつ空けて記述すること。
・誤字・脱字は減点対象とする。

〈審査方法〉
審査基準に基づき審査委員(社内外審査委員)が個別に審査し、その評価点の平均点を得点とする。

〈判定基準〉

	7→8等級
論文	60点
面接	40点

〈論文審査基準〉

㋑ 問題の把握・テーマの設定
　設定したテーマについて正しい視点から問題をとらえ、担当業務に対する旺盛な問題意識を基礎として、的確なテーマの選定をしうる能力を有するか。

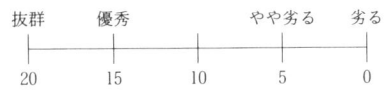

抜群　優秀　　　　　やや劣る　劣る
20　　15　　10　　5　　0

㋺ 施策および見解の妥当性と具体性
　意見・主張が部門・会社の現状からみて妥当性があり、それが新規性・独創性に優れ、かつ具体的なものとして現れているか。

抜群　優秀　　　　　やや劣る　劣る
40　　30　　20　　10　　0

㋩ 論理展開能力・説得力
　論理性をもち、説得性に優れ、旺盛な改善意欲・業務遂行意欲を基礎として、意気込みのあふれたものであるか。

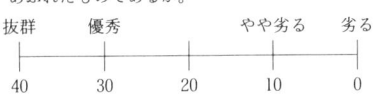

抜群　優秀　　　　　やや劣る　劣る
40　　30　　20　　10　　0

㋥ 文の構成・誤字脱字
　論文の文章や続き具合が的確で意味が明瞭であり、誤字・脱字がない適切な文章になっているか。

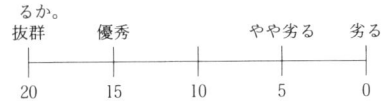

抜群　優秀　　　　　やや劣る　劣る
20　　15　　10　　5　　0

図表25　論文審査（D社の例）

1) 論文判定委員会
   ① メンバー
      各部門代表者
   ② 判定方法
      判定委員の総合平均点60点以上を合格とする。
   ③ 判定対象者
      主事→参事補　　参事補→参事
   ＊副主事から主事への判定は直属上長を加え人事部にて判定する。
   参事12等級→参事13等級の判定は、面接判定時に加味する。
2) 論文判定基準
   論文の判定は、次の基準によるものとする。
   ① 論文の判定項目は、次の4項とする
      イ) 問題の把握、テーマの選定
         与えられた問題について、正しい視点から問題をとらえ、担当業務に対する旺盛な問題意識を基礎として、的確なテーマの選定をしうる能力を判定する。
      ロ) 問題解決策および見解の妥当性と具体性
         意見・主張が部署・部門・会社の現況からみて正当性があり、それが新規性、アイデア等独創性に優れ、具体的な企画として現れているか否かを判定する。
      ハ) 論理展開力・迫力
         論文が論理性をもっており、説得性に優れ、旺盛な改善意欲・業務遂行意欲を基礎として、迫力のある意気込みのあふれたものであるか否かを判定する。
      ニ) 文の構成・誤字脱字
         論文の文や語句の続き具合が的確で、意味が明瞭であり、誤字脱字がない適切な文章になっているか否かを判定する。
   ② 配点
      イ) 問題の把握力・テーマの選定
         抜群－40点　優秀－30点　やや優秀－25点　標準－20点　やや劣る－15点　劣る－10点
      ロ) 論文の妥当性・具体性
         イ)に同じ
      ハ) 論理展開力・迫力
         抜群－10点　優秀－7点　標準－5点　劣る－3点
      ニ) 文の構成・誤字脱字
         ハ)に同じ
3) 昇格論文判定（下表参照）

No.	得　　　　　点				合計
	把握力テーマ選定	妥当性・具体性	文章力	構成・誤字脱字	
1					
2					
3					
4					
平均					

図表26　論文審査（Ｉ社の例）

以下は、Ｉ社の主事補→主事３級昇格論文における審査ポイントである。

(1) 論文のテーマ（例）

　「輸出産業を中心とした先行き不安感の広がる中で、当社においても厳しい局面を迎えている。このような状況を踏まえながら、将来当社が世界に求められる存在になるために、ビジョンを理解した中で、あなたは何をなすべきかを、あなたの立場で考えて、具体的に述べてください。」

(2) 審査の着眼点

① テーマを正しく理解して、問題点を十分に把握しているか。
② テーマに対する見解は、当て得て表現されているか。
③ 論旨は一貫しているか。
④ 表現方法（文章の書き方）は適切か。
⑤ 文章の長さは適切か。誤字、あて字など多くはないか。

(3) 評点基準

① 評点は85、80、75、70、65、60、55の７段階で記入する。ただし85点は抜群、55点は特に劣る場合の目安である。
② 平均点が約70点になるように評点する。

なお、評点の分布はできるだけ次表を参考にする。

評　点	85点	80	75	70	65	60	55
分　布	2％	9	23	32	23	9	2

面 接 試 験

　昇格・昇進の選考には、筆記試験と面接を合わせて行っているケースが多い。面接は、限られた一定時間における各人の人となり（知識・技能、責任感、積極性、向上心、協調性、説得力、指導力、実行力、応用力、折衝力等）を評価するものであるだけに、その方法や評価についてのしっかりとした取り決めがなされていることが大切である。

　面接試験は、対象者（被面接者）１人に対して面接者５～６人で評価する場合と、対象者４～５人を一堂に集め、被面接者相互の評価をする場合とがある。後者は、管理職選考の際に実施されることが多い

(図表27)。

●F社のケース
　面接審査は、審査委員会(役員・人事部長より構成)がこれに当たり、以下の内容について審査する。
●5等級昇格
　各職掌の5等級として問われる基礎および実務に関する具体的実践の内容について。
●6等級昇格
　各職掌の6等級として、どの程度やり遂げられるかについての、一般的な考え方、常識等について。
　会社および各部門の方針、計画および現状の問題点、それに対する解決策等について。
●8等級昇格
a)　マネジメント職掌
・業界および当社を取り巻く環境
・小売業に関する詳細な知識と分析
・当社の方針、経営計画(売上高、利益率等の主要経営指標)の概要
・マネジメント職掌に問われる問題点とその対策
・その他一般常識
b)　エキスパート職掌
・業界および当社を取り巻く環境
・自らの専門とする分野の詳細な知識
・当社の方針、経営計画(売上高、利益責任)の概要
・エキスパート職に問われる問題点とその対策
・マーケティングに関する常識

第4章　昇格・昇進基準の運用

図表27　論文・面接審査シート（G社のケース）

論文・面接審査シート

S6→S7、　　S7→M8、　　M8→M9、　　M9→M10
（係長クラス）（課長クラス）（次長クラス）（部長クラス）

昇格候補者　所属＿＿＿＿　現等扱＿＿＿　社員№＿＿＿＿　氏名＿＿＿＿＿

区分	審査項目	着眼点	評価の目安	コメント
論文審査	知識・教養	○その資格等級にふさわしい用字用語が用いられ、かつ語句に対する正しい理解、表現ができているか。	a　b　c (よい)(わるい)	
	問題のとらえ方	○会社にとって真に重要で価値ある問題をとらえているか。 ○文章そのものが重点を忘れ、枝葉末節にとらわれていないか。 ○高く広い立場（視野）に立って、その問題を正しくとらえているか（例えば、全社的な広い立場に立ってみているか、または個人的なごく狭い立場でみていないか等）。	a　b　c	
	説得力／構想力	○なるほどと思わせるような、適切な表現か。 ○現在抱えている問題点を、現実とマッチするように、全体とのバランスをとって適切な位置づけをし、また組み立てているか。 ○主題による統一が保たれ、具体的な材料を使って論理的かつ効果的に構成されているか。	a　b　c	
	論　文　審　査		a　b　c	

区分	審査項目	着眼点	評価の目安	コメント
面接審査	応接態度	○身だしなみや全体から受ける印象はよいか。 ○適度な落ち着きがあり、態度はまじめか。	a　b　c (よい)(わるい)	
	知識	○担当業務の遂行に必要な知識を十分有しているか。 ○上位等級の業務遂行に十分な知識を有しているか。	a　b　c	
	表現力／説得力	○自分の考えを正しくわかりやすく説明できるか。 ○表現は適切で相手を納得させるものをもっているか。 ○応答には自信、信念、迫力、元気さが感じられるか。	a　b　c	
	取組姿勢	○自己の役割に対して前向きな受け止め方をしているか。 ○問題に直面しても、安易に他人にたよらず、自ら問題解決を行おうとする姿勢がみられるか。	a　b　c	
	論理性	○応答の内容は一貫しており矛盾はないか。	a　b　c	
	指導力／管理能力／専門能力	○管理・監督者としての指導能力を十分に有しているか。 ○問題意識、それに対する見識、他に対する影響力等、経営補助者として必要な能力を十分有しているか。	a　b　c	
	面　接　審　査		a　b　c	

総　合　判　定：　合　・　否

総合所見：

面接日＿＿＿＿　所属＿＿＿＿＿　面接者＿＿＿＿＿

67

図表28　面接試験の内容（C社の例）

同社の平成○年度の昇格試験は、下記に従って実施された。

1) 試験科目と試験日程
2) 受験資格者

種　　類	現資格	○○年末在位年数	摘　　要
理事昇格試験	参　与	2年以上	○○年昇格者を除く
副参与昇格試験	参　事	2年以上	○○年昇格者を除く
副参事昇格試験	主　事	2年以上	○○年昇格者を除く
主任昇格試験	1　級	3年以上	○○年～昇格者を除く 勤続1年以上3年未満の中途入社者で30歳以上のものは受験資格を有す

(注) 平成○年○月末までに通信教育、社内外教育、公的資格取得の合計で標準履修単位（8単位）を充足しうる者が条件となる。

3) 出題・採点および面接者
4) 面接試験の着眼点
   ① 主任面接試験　人　物…職場小グループのリーダーとなりうる人物であるか。
   　　　　　　　　　将来性…いま以上に伸びる余地があるか。
   ② 副参事面接　　人　物…副参事として、社外に出しても恥ずかしくない人物であるか。
   　　　　　　　　　識　見…副参事として通用するほどの知識識見があるか。
   　　　　　　　　　将来性…副参事に昇格した場合、十分期待に応えられるか。
   ③ 副参与面接　　同　上（ほぼ同じ）
5) 試験の合格基準
   各科目とも、70点（100点満点）以上をもって合格の基準とする。
   （ただし、点数表示しにくい科目については、7段階評価A～GのBランク以上をもって合格とする）
6) 受験準備
   ① 各試験は、「共通能力基準書」「職能別能力基準書」に基づき出題される。
   ② 受験準備の共通的な参考資料として、「社内報」「社内諸規定」「通信教育テキスト（必須コース）」等がある（これを熟読しておくことが要請されている）。
   ③ 過去の試験問題も参考になる。過去の問題集は、各事業部の人事担当者および部門長（部長、工場長）が保管しているので貸出しを受ける。
7) 試験結果の通知
   試験結果は上長、本部長(事業部長、部長、工場長)を通じて各受験生にフィードバックする。

ヒューマン・アセスメント

　ＨＡ（ヒューマン・アセスメント）研修は、受講生が与えられた演習課題を評価者（アセッサー）たちや受講生仲間およびＶＴＲカメラの面前で実施し、演習への取り組み状況や結果を評価の材料として、能力特性を多面評価していこうというものである。このようにＨＡ研修では、受講者が各演習の受講者相互間で能力評価をし合いながら体験認識を深めつつ、一方では専門のアセッサーと呼ばれる評価者がついて、観察記録を基に能力要件の評定を行うものである。

　受講生が行う演習は、通常3～4種あり、いずれも特定の状況設定がされた中で討議をしたり、データを分析したり、課題の解決をするのであるが、そのいずれの場面・内容も普遍的にマネジメント能力を評価できるよう設計されている。

　そこで、ＨＡの狙いとするところは、
① マネジメント能力の客観的設定ができること。
② 評定結果が本人および上司の納得を得られやすいこと。

図表29　ヒューマン・アセスメントと他の判定要素との相違（Ｅ社の例）

	評 価 対 象	○ 長 所 ・ △ 短 所
Ｈ　Ａ	○対人能力、コミュニケーションスキル、事務処理スキルなどマネジメント能力一般	○多面評価で客観性が高く、判定結果に対し本人の納得が得られやすい ○現在の能力だけでなく、将来の能力も評価する △1回の被評価者が少数であると、手間と時間を要す
筆記テスト	○一般知識・実務知識・専門知識など知識の程度 ○言語・計算・推理などの知的能力	○最も客観的 ○実施しやすい △業務成果・仕事の実績と結びつきにくい
論　文	○問題形成能力・分析判断力 ○仕事への取り組み姿勢や実務上の問題点の掘下げの深さ、視野の広さ	○実施しやすい △結果評価に、評価者格差が出やすい △仕事の成績とは直結しないことがある
人事考課	○業務実績（結果とプロセス） ○仕事への意欲・態度 ○知識・判断力・折衝力・指導力などの職務能力と習熟能力	○実際の仕事に直結している △主観的になりがち △現在の仕事についての限定された発揮能力の評価が中心

図表30　E社の副主事ヒューマン・アセスメントのディメンション

ディメンション	定　　義	ディメンション	定　　義
1. 対面影響力	○良い第一印象を与え、注目を引き、自信ある態度を示し自己を認識させる能力	7. リーダーシップ	○個人またはグループに効果的に働きかけて、率先して課題達成の方向に導き、また自分の考え方を個人またはグループに受け入れさせる能力
2. 課題達成意欲（含バイタリティ）	○与えられた演習課題に対し、質的・量的によりよい成果を上げるように、能動的・積極的に取り組み達成しようとする意欲	8. 感受性	○相手（個人またはグループ）の求めていることを敏感に感じ取り、それに対して反応していく能力
3. ストレス耐性	○時間的な制約や、人から受ける圧迫や反対の中でも課題ををやり遂げる心の安定性	9. 柔軟性（含創造性）	○目標到達のため、自分の態度やアプローチの仕方を修正したり、問題を解決するに当たり、既知の事実・情報を組み合わせたり、展開を試みて、新しい解決を考え出す能力
4. 口頭表現力	○個人活動の際にも、グループ活動の際にも、効果的に口頭で表現しうる能力	10. 計画・組織	○自分自身の活動も、グループの活動も、効果的に計画・組織化していく能力
5. 発表力	○自分の考え方や事実を、明確にかつ効果的に人前で発表する能力	11. 分析・判断力（含要点把握力）	○文章や口頭の指示、あるいは話合いの中から、その要点を正しく、早くキャッチして、関連事実の追求から、問題の本質・原因を効果的に究明するとともに、それらの論理的関連を明確にしうる能力
6. 文章表現力	○自分の考え方を、構文上も正しく明確に文章で表現する能力	12. 統制力	○現在進行中の事柄に対して、計画・基準に即して事が運ぶよう効果的にコントロールする努力

③今後の能力向上の指針が示される、ことである。

　HAと他の判定要素との相違点を挙げれば、図表29のようになる。

　また、準管理職ともいうべきこのクラスへの昇格には、単に該当職務遂行能力だけでなく、広くマネジメント能力も併せて必要となる。そのための自覚を促すと同時に、自己のマネジメント能力について具体的に強点・弱点を体験認識させ、その上で今後の自己啓発と能力向上に結びつけようというのが研修の狙いであり、昇格要件の1つとして活用できることである。

多面評価（多面観察）

　評定者を本人（被評定者）の上司（第1次、第2次の評定者）以外の先輩、同僚、他部門の上司にまで広げて、評定上の個人的バイアス

第4章　昇格・昇進基準の運用

図表31　アセスメントの事例（A社の例）

(1)　ヒューマン・アセスメントの狙いどころ

当社は、アセスメントの対象を課長職候補にポイントを絞って実施しており、そのねらいも、次の2点に置いている。

① 当社の管理者として要求される適性・能力を多面的に把握してゆくこと。
② 管理者候捕者のレベルアップを図ること。

本来、アセスメントの場面、場面の大方はそれ自体で能力開発的要素をもっており、「評価」と「開発」の二面性を有しながら進められる。

特に前項については、従来管理職に就任してからの、新任管理者研修を実施しているが、管理者に任用する前から動機づけを行い、この層の全体的な能力向上をも期待している。

(2)　求める管理能力

アセスメント・プログラムで対象とする内容は、主として管理能力・適性の把握である。ただ、管理能力といっても、それぞれの企業風土やトップの方針によって異なり、その求められる要素が違ってくる。一方、管理という面から共通的なものもある。

当社では、4つのスキルでとらえ、これらを十分持ち得る者が期侍する管理者であるとして、これに沿ってアセスメントも進められている。そのために、「当社に求められる管理能力は何か」を主要な部課長にアンケート用紙を配布し記入願い、その結果を基に、さらに個別に具体的な意見を面接により求めると同時に、トップの意見、その他当社の規程上から管理者に求めている事項を抽出し集約した。

また、アセスメントの文献や他企業の調査などからR・カッツ（Katz）の管理概念を参考に、スキル・レベルで整理組み立てを行った。

このように、当社はスキル・レベルでとらえているが、この他ポテンシャルと行動レベルでスキルを補完的意味合いからとらえている（下図参照）。

＜研修とアセスメントとの関係＞

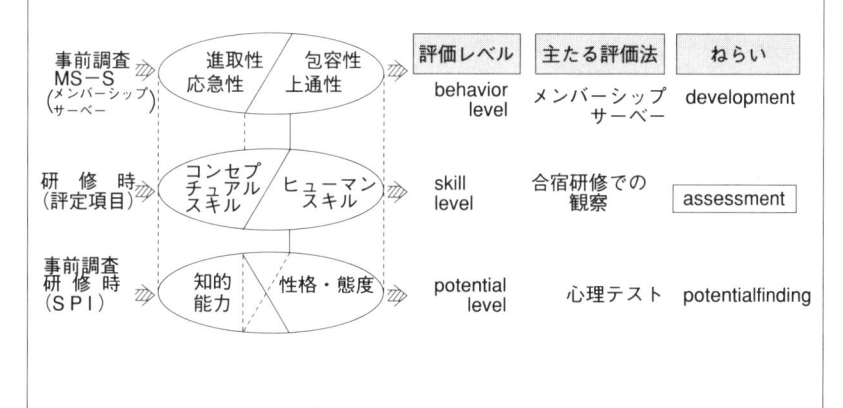

事前調査	評価レベル	主たる評価法	ねらい
MS－S（メンバーシップサーベー） 進取性/包容性/応急性/上通性	behavior level	メンバーシップサーベー	development
研修時（評定項目） コンセプチュアルスキル/ヒューマンスキル	skill level	合宿研修での観察	assessment
事前調査 研修時（SPI） 知的能力/性格・態度	potential level	心理テスト	potentialfinding

を防止しようとするのが、図表32で示す"多面評価（多面観察）"である。また、評定者として本人自身も参加し、自己評価を行うことも可能である。

このような多面評価を行うことによって、評価の客観性や納得性、あるいは期待する人物像を探ることも可能であり、また本人にとっても自分がいろいろな人から見られていることによって、自分自身の自覚と反省の材料にもなるのである。

多面評価は、人事評価を補完することが主な目的である。人材の活用と将来進むべきコース判定のもととして活用されることが望まれる。

図表32　多面観察評価の結果（K社の例）

評価項目：
- 幅広い知識・見識 (1)
- 企画・立案力 (2)
- 洞察力 (3)
- 命令系統の重視 (4)
- (5) 仕事への意欲
- (6) 体力・気力
- (7) 行動の安定性
- (8) 根気の強さ
- (9) 柔軟性
- (10) 専門知識
- (11) 企画能力
- (12) 独創性
- (13) 独創性
- (14) 貢献度
- (15) 専門分野での評価
- (16) 蓄積ノウハウの公開
- (17) 自信
- (18) 自己啓発
- 目標・方針の明示 (19)
- 決断の勇気 (20)
- 権限移譲 (21)
- 部下のフォローアップ (22)
- 調整力 (23)
- リーダーシップ (24)
- 説得・折衝力 (25)
- 他との対話・協力 (26)

（注）
1. 評価要素の
   (1)～(9)＝基礎能力、
   (10)～(18)＝専門能力、
   (19)～(26)＝管理能力
   を、20人の観察者（評定者）がおのおの判定し、円の点線より外側にきた場合が、能力が高いと判定するものである。よって、20人の評価結果は、図のようになった。
2. 観察者数：20人

各種適性検査

　現在利用されている各種の適性検査をまとめたのが図表33である。それぞれの特徴をつかんだうえで活用したい。
⑤試験制度が具備すべき要件
　これまでの解説でも述べてきたことだが、これからの昇格・昇進試験の、特に運用上のポイントを再度ここにまとめておこう。

イ．試験は必要だという社内コンセンサスを持つこと
　　昇格制度は公平性・公正性が備わっていなければ、社員が燃える仕組みとはならない。そのために、社内試験の信頼性・妥当性・合理性・客観性そして納得性については十分に検討して、不断に改善を加えることが必要である。試験は従来からの慣行だから実施するということでは、すでに運用意義が空洞化しているというべきだろう。必要だから、よりベターだから実施するという確固たる姿勢が企業サイドに求められる。
ロ．他の方法を組み合わせて、多面的な選考とすること
　　昇格・昇進の選考は、試験だけでは十分でなく、試験と各種の制度、方法とを有機的に結びつけることが望ましい。なぜなら、今日の昇格・昇進の選考目的を果たすためには、各種の方法を併用することによってなるべく多面的な選考とすることが不可欠だからである。
　　例えば、組み合わせるものには、評価方法としてよく用いられる人事評価、所属長の推薦、選考会議、委員会等がある。また、自己申告、研修時の評価、アセスメント・プログラム等も社内試験と組み合わせることができる。

図表33　各種適性検査の内容

区　分		テストの目的	テストの例	利用状況
知　能　検　査		一般知能の測定	○田中Ａ式・Ｂ式知能検査 ○字研Ｒ100　　〃 ○鈴木進式　　　〃 ○桐原　　　　　〃	採用時に用いられているが、一般職業適性検査の実施に伴い利用は減りつつある。
適　性　検　査	マネジメント適性検査	マネジメントの基本能力、適性を総合的に判断	○Ｎ－ＭＡＴ検査（日本人事測定研究所）	マネジメント登用時に用いられることが多いが、全管理者に実施する企業もある。
	一般職業適性検査	知能および各種の知的能力、感覚運動機能の総合的判断	○厚生労働省編一般職業適性検査 （GATBⅡ） ○竹中式 ○日本職業指導協会式 ○教研式	知能および各種の性能が一連のテストで測定されるので、利用は増加している。 特にGATBⅡが利用の大半を占めている。
	特殊職業適性検査	特定職業に関係する特殊な能力、感覚運動機能の個別的測定	○大阪適性相談所編事務的適性検査 ○田中式（技術、事務） ○ガード分類検査 　大小分類　〃 など多数	個別検査であるので所要時間などで採用時の利用は無理だが、教育訓練過程における実施には役立つ。
性　格　検　査	作　業　検　査　法	性格の正異常、意思・素質・感情などの測定	○内田クレペリン検査 ○桐原意思素質検査	最も利用が多い。
	投　　射　　法	性格の正異常、神経質・欲求・環境的圧力の測定	○ロールシャッハ検査 ○欲求不満検査	産業での利用は少ない。
	質　問　目　録　法	異常性・神経質・自律性・社会性・指導性の測定	○矢田部ギルフォード性格検査 ○教研式性格診断検査	使用状況は急激に増加してきている。
向性検査		内向・外向的性格類型の測定	○淡路式向性検査 ○田中式　　〃 ○木神原式　〃	特定職種において使用されている。
興味検査		職業的興味傾向の測定	○田研式職業興味検査 ○児玉ストロング　〃	学生の職業指導用では多数利用されているが、産業ではあまり用いられていない。

ハ．選考基準を明確にすること

　　社内試験の選考基準があいまいなため、実際の出題や結果の評価において混乱している企業が意外に多い。選考基準は、言い換えれ

ば、その企業の昇格・昇進のニーズそのものであって、それを不明確にしたままの試験は意味がない。

ニ．専門性を高める機会とすること

　社内試験の問題は、職掌・職務内容に関連したものを取り上げ、特に専門知識、専門技術・技能を重視して、より高度のものを習得する機会とすべきである。

ホ．業務関連問題は、出題意図を明確にして社内で作成すること

　社内試験の問題は、一般教養、常識問題は社外に依頼して作成してもよいが、業務に関する問題は出題の意図を明確にし、それを反映した問題として社内で作成するほうが望ましい。

ヘ．試験を、能力育成の機会にすること

　社内試験の機能は、能力判定だけに終わるものではない。試験が終わったらそのままにしないで、受験者（社員）の弱点や補強すべきところを指示、助言していくことによって、試験結果を本人の能力育成に結びつけていくことが肝要である。選考・判定は、必ず上位にいく者とそうでない者を区分することとなる。

　したがって、社内試験を単なる区分作業として処理するだけであってはならない。すなわち、区分作業に並行して、次の機会のための指導が伴わなくてはならないのである。

　今後も処遇の主軸は各種資格制度という傾向は変わらない。そして「昇格＝資格昇進」が人事管理の中心をなすのである。

　昇格・昇進試験の担当者も、そのための社内試験制度はどうあるべきかを、人事管理をめぐる動き、人材育成とその施策の方向、社員もしくは労働組合の反応に着目しながら、追い求めるという態度が必要である。

第5章 これからの昇格・昇進管理の方向

1．コース別処遇管理における昇格基準の考え方

　ここ数年、男女雇用機会均等法の影響を受けながら増加傾向を示しているのが、コース別処遇制度である。企業数の40％を超え、さらに増加へと向かっている。

　内容は、一般職、業務職、準総合職、総合職というように、期待する職務の内容とレベル、転勤を伴うか否かの判別も合わせて、ナショナル（全国）か、エリア（ある規模の地区）、ローカル（またはストア）（一定限定地区）かの区分をしている企業もある。

　さて、このコース別処遇制度の昇格基準の考え方であるが、前述のように、

　　イ．企業が期待し要求する職務と職能の段階設定…一般職と総合職
　　ロ．専門能力の深化と組織の位置づけ………………………準専門職
　　ハ．地域限定による職責の範囲と権限の行使………一般職と総合職

によって、昇格要件が異なってくるのは、当然のことである。

　具体的にどのような昇格要件とすべきかは、おのおのの企業の経営人事の方針に照らし合わせて、設定すべきものであるが、基本的な考え方としては、図表34の一般基準をスタンダードなものとし、決めていくことである。

2．管理職層選別の昇進基準の一層の明確化

　いうまでもなく、企業組織は企業目的に対する目標遂行と役割分担

の2つの業務を解決していくための集団を形成しており、そのために各部門への最適者の配置が組織運営上求められるが、低成長下の今日、有限なる人材の少数化・最適精鋭化による最大活用に当たっては、縮減しつつある役職ポストへの位置づけは、非常に厳しいものがある。

したがって、主に昇格要件を優先させることによって、まず社内での処遇を明確にし、次いで組織上の定められたポスト枠への対応に、適材の配置がとられるという図式がほとんどの企業でとられている。

なぜなら、昇進基準は、人事評価・面接・適性観察・試験・推薦など、ほぼ昇格要件と変わるところはなく、その最大のポイントは、マネジメント・リーダーシップ（マネジャーシップ）を持った個別能力をいかに適切に判断し、活用していくかにかかっているからである。

管理職処遇で問題となるのは、昇進後の処遇が多様化していることであろう。それは、管理職という職位の既得権の見直しが、昇進後のある時点で行われ、フルイにかけられるということである。つまり、役職見直し制の実施である。すでにかなりの企業において、

図表34　昇格要件と内容の例

標準となる昇格要件	内容
最短在級年数	能力の伸張には、コース別に最短これだけは経験する必要があるという年数を定める。
人事評価	上位の資格等級における職務遂行の可能性を判断するために、現等級における能力、期間実績の人事評価を確認し、一定の基準を満たしていることを要する。
職能基準評定	職能ランクが異なるコース別の昇格については、おのおのの上位等級の業務の遂行ができている「職能基準書」に照らし合わせて評定する。
論文審査	特に総合職、準総合職の上位等級においては、全体として体系づけられた能力が求められることから、実務に関連あるところについて小論文を作成させ、審査する。一般職は必要としない。
面接審査	コース別の論文審査と合わせて、コース別の昇格候補者の見識を面接することにより審査する。
総合審査	昇格要件ごとの審査結果や昇格候補者に関する実情を総合的に審査する。

①役職任期制
　②役職見直し制
　③役職停職制
がとられつつある。
　したがって、昇進基準は管理職層の肥大化、管理職の機能（役割）の多様化、管理職予備軍の処遇という課題を、それぞれの企業の実態を踏まえつつ、昇進後基準の設計および運用と昇格基準とを合わせて、考えていく必要に迫られている。

資料

〈資料〉
約3割の事業所が入社6～10年目で昇進・昇格に男女差

　管理職等に占める女性の割合は7.8%であり、役職別にみると係長相当職では11.9%、課長相当職では5.5%、部長相当職では3.2%となっている。

　管理職への昇進時期は男女で大きく異なっており、例えば男性は30～39歳層で20.6%が係長相当職になっているのに対し、女性は5.9%となっている。さらに、男性は40～49歳層で24.5%が課長相当職になっているのに対し、女性は4.1%にとどまっている。

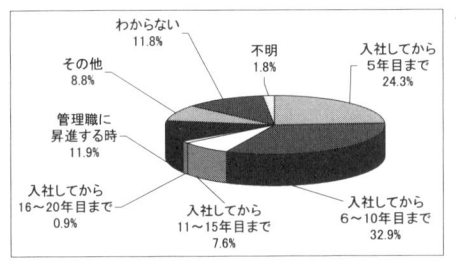

◀図1
大卒標準労働者の昇給・昇格の差がつく時期別事業所割合

- わからない 11.8%
- 不明 1.8%
- 入社してから5年目まで 24.3%
- その他 8.8%
- 管理職に昇進する時 11.9%
- 入社してから16～20年目まで 0.9%
- 入社してから11～15年目まで 7.6%
- 入社してから6～10年目まで 32.9%

図2▶
大卒標準労働者の昇給・昇格の差がつく理由別事業所割合

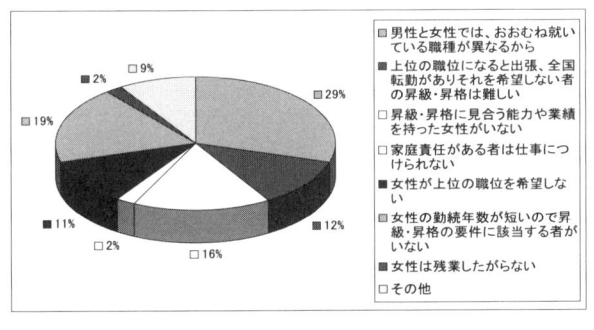

- 男性と女性では、おおむね就いている職種が異なるから 29%
- 上位の職位になると出張、全国転勤がありそれを希望しない者の昇級・昇格は難しい 12%
- 昇級・昇格に見合う能力や業績を持った女性がいない 16%
- 家庭責任がある者は仕事につけられない 2%
- 女性が上位の職位を希望しない 11%
- 女性の勤続年数が短いので昇級・昇格の要件に該当する者がいない 19%
- 女性は残業したがらない 2%
- その他 9%

■資料出所：「2001年度男女雇用管理基本調査」（厚生労働省）

大卒標準労働者が入社してから昇級・昇格していく際の男女差の状況をみると、「男女ともかわらない」事業所割合が58.2%、「男性の方が女性より早く昇級・昇格する者が多い」とした事業所の割合は、建設業が51.3%、卸売・小売業、飲食店が35.5%、不動産業が34.5%となっている。

　差がつく時期をみると、「入社してから6～10年目まで」が32.9%、と最も高く、次いで「入社してから5年目まで」が24.3%となっている（図1参照）。差がつく理由は「女性と男性ではおおむね就いている職種が異なるから」が54.1%と、男女の業務の違いが大きな影響を与えていることがわかる（図2参照）。

〈資料〉
ライン役職への昇進時期に「個人により差がある」は60.8％

● 役職への昇進基準

　昇進の基準について定めている企業割合は、課長相当への昇進についてみると事務職42.2％、（前回47.5％）、技術・研究職33.0％、（前回35.0％）、現業職41.8％（前回43.8％）となっている。

　昇進基準の内容（複数回答）については、いずれの職種でも「能力評価」、「業績評価」が最も多くいずれも80％を超えている（表1参照）。

表1　昇進基準の定めの有無、昇進基準の内容別企業数割合

(単位:％)

区分	定めていない	該当する職種または役職の労働者がいない	昇進基準を定めている （複数回答）									無回答
			能力評価			在籍年数	業績評価	昇進研修	学歴	人柄	その他	
			計	試験あり	試験なし							
事務職												
係長相当職への昇進	40.8	10.9	85.4	13.2	72.1	48.6	82.5	4.8	5.7	40.1	14.7	7.0
課長相当職への昇進	41.0	9.6	84.1	15.9	68.2	47.0	85.0	7.2	7.0	41.3	15.8	7.2
技術・研究職												
係長相当職への昇進	33.6	20.1	84.7	13.7	71.0	48.8	82.1	5.8	5.6	38.4	13.3	14.2
課長相当職への昇進	33.8	19.4	84.7	16.2	68.5	45.1	84.9	8.2	6.6	39.9	14.3	13.8
現業職												
係長相当職への昇進	39.2	11.1	81.5	12.6	68.9	43.7	84.4	6.1	4.1	41.4	14.3	8.7
課長相当職への昇進	39.5	10.0	82.2	14.5	67.7	43.6	87.3	8.2	5.2	43.0	14.8	8.7
平成11年												
事務職												
係長相当職への昇進	34.4	12.2	86.1	10.7	75.4	50.3	79.8	7.4	7.1	39.8	14.9	7.6
課長相当職への昇進	34.7	9.9	86.5	12.9	73.6	48.0	82.5	8.4	7.1	42.4	15.4	7.9
技術・研究職												
係長相当職への昇進	28.7	19.3	86.7	11.1	75.6	47.1	79.2	7.0	8.21	36.4	15.9	17.9
課長相当職への昇進	28.9	17.8	86.8	14.9	71.9	46.3	82.8	8.4	9.0	39.3	16.6	18.3
現業職												
係長相当職への昇進	34.8	11.6	82.9	10.3	72.6	46.2	81.4	8.2	6.2	41.6	14.5	10.1
課長相当職への昇進	35.0	10.8	82.6	11.6	71.0	46.1	84.4	8.7	6.8	43.7	14.7	10.4

注：「該当する職種または役職の労働者がいない」は平成11年調査では「該当するポスト・職種・職層がない」としている。

■資料出所：「平成14年雇用管理調査」（厚生労働省）

●一般的な正社員のライン役職への最初の昇進時期について

一般的な正社員のライン役職への最初の昇進時期についてみると、「個人により差がある」が最も多く60.8%となっており、次いで「どちらともいえない」24.9%、「おおむね同時である」7.9%となっている（表2参照）。

最初の昇進の時期がおおむね同時である企業における最初の昇進時期についてみると、「5年以上10年未満」が52.2%と最も多くなっている（表3参照）。

表2 一般的な正社員の最初の昇進時期についての慣行別企業数割合

(単位：％)

企業規模・産業	全企業	おおむね同時である	個人により差がある	どちらともいえない	無回答
総数	100.0	7.9	60.8	24.9	6.5
5,000人以上	100.0	5.8	84.3	9.9	—
1,000～4,999人	100.0	10.3	82.1	7.4	0.2
300～999人	100.0	8.9	77.5	13.2	0.4
100～299人	100.0	10.5	67.9	17.8	3.8
30～99人	100.0	7.0	56.4	28.6	8.0

表3 最初の昇進がおおむね同時である企業における最初の昇進時期別企業数割合

(単位：％)

企業規模・産業	最初の昇進の時期がおおむね同時の企業	5年未満	5年以上10年未満	10年以上15年未満	15年以上	無回答
総数	7.9	20.2	52.2	20.9	5.9	0.8
5,000人以上	5.8	10.0	40.0	30.0	20.0	—
1,000～4,999人	10.3	26.8	40.6	21.7	11.0	—
300～999人	8.9	21.2	49.0	22.9	7.0	—
100～299人	10.5	26.8	46.1	23.9	3.2	—
30～99人	7.0	16.9	55.8	19.3	6.7	1.3

最初の昇進の時期に個人により差がある企業における平均的な最初の昇進時期についてみると「5年以上10年未満」が50.3％と最も多く、次いで「10年以上15年未満」22.7％、「5年未満」17.1％、「15年以上」6.2％となっている（表4参照）。

最初の昇進の時期に個人により差がある企業の昇進時期が最も早いケースと平均的なケースの差についてみると、「5年以上」が33.8％を占めており、次いで「3年」25.2％、「2年」17.0％となっている（表5参照）。

表4 最初の昇進が個人により差がある企業における平均的な最初の昇進時期別企業数割合

(単位：％)

企業規模	最初の昇進の時期が個人により差がある企業	昇進時期に回答あり					無回答
		計	5年未満	5年以上10年未満	10年以上15年未満	15年以上	
総　　数	60.8	96.3	17.1	50.3	22.7	6.2	3.7
5,000人以上	84.3	92.4	8.9	28.5	37.1	17.9	7.6
1,000～4,999人	82.1	99.3	8.7	37.6	37.7	15.2	0.7
300～999人	77.5	98.2	10.6	47.6	28.7	11.3	1.8
100～299人	67.9	97.6	13.9	51.1	25.0	7.6	2.4
30～99人	56.4	95.4	19.4	51.1	20.3	4.7	4.6

表5 最初の昇進が個人により差がある企業における昇進時期の年数差別企業数割合

(単位：％)

企業規模	平均的な昇進の時期に答えた企業	昇進時期が最も早い者と平均的な者との年数差					昇進時期の年数差に答えなかった企業
		1年	2年	3年	4年	5年	
総　　数	96.3	10.2	17.0	25.2	5.4	33.8	8.5
5,000人以上	92.4	11.9	16.4	14.5	5.6	42.8	8.9
1,000～4,999人	99.3	9.1	17.3	24.7	5.6	36.4	6.9
300～999人	98.2	9.2	17.0	24.2	6.0	35.1	8.5
100～299人	97.6	8.4	17.9	23.1	7.6	36.1	6.9
30～99人	95.4	11.1	16.6	26.1	4.5	32.6	9.1

●考課結果を昇進・昇格に反映させる企業における評価方法、重視考課項目

(イ) 考課結果を昇進・昇格に対して重視しておよび一定程度反映させている企業について、昇進に反映させる場合の評価方法をみると、「主として相対評価」が最も多く40.0%、次いで「主として絶対評価」32.9%、「どちらとも言えない」24.4%となっており、「主として相対評価」が「主として絶対評価」を上回っている。

一方、昇格に反映させる場合の評価方法についてみると、「主として絶対評価」36.0%、「主として相対評価」34.7%、「どちらともいえない」20.8%となっている（表6参照）。

表6 人事考課を昇格に反映させる場合の評価方法別企業数割合

(単位：%)

企 業 規 模	考課結果を一定以上反映させている企業	主として相対評価	主として相対評価	どちらともいえない	該当する労働者がいない	資格制度がない	無回答
総　　　　数	83.8	34.7	36.0	20.8	0.5	5.4	2.6
5,000人以上	97.3	40.6	40.9	15.5	－	1.8	1.2
1,000～4,999人	96.4	32.5	48.9	13.6	0.2	4.2	0.6
300～　999人	92.5	3302	43.1	16.7	0.0	5.2	1.8
100～　299人	86.1	31.5	39.8	21.6	－	4.9	2.2
30～　 99人	79.7	37.1	30.8	22.1	0.9	5.9	3.2

表7 人事考課を昇進に反映させる場合の最も重視する考課項目別企業数割合

(単位：%)

企 業 規 模	考課結果を一定以上反映させている企業	考課項目				該当する労働者がいない	資格制度がない	無回答
		業務能力考課	業務考課	執務考課	その他			
総　　　　数	83.8	53.2	28.9	6.7	2.8	0.5	5.4	2.5
5,000人以上	97.3	46.7	37.6	1.2	10.9	－	1.8	1.8
1,000～4,999人	96.4	52.9	30.6	4.3	6.5	0.2	4.2	1.2
300～　999人	92.5	55.1	29.8	4.0	3.8	0.0	5.2	2.2
100～　299人	86.1	48.6	33.9	5.5	4.4	－	4.9	2.6
30～　 99人	79.7	55.6	25.5	8.3	1.1	0.9	5.9	2.7

（ロ）　また、考課項目のうち、昇進・昇格に関し最も重視する項目についてみると、昇進、昇格ともに「業務能力考課」が最も多くそれぞれ56.3％、53.2％となっており、次いで「業績考課」29.9％、28.9％、「執務考課」7.8％、6.7％となっている（表7参照）。

人事制度運用の鍵をにぎる
昇格・昇進の設計と運用

第6章　昇格・昇進基準と制度マニュアル

　昇格制度（F株式会社・製造業・従業員860名）／89

　昇格制度（C生協・従業員480名）／93

　昇格基準（D株式会社・食品業・従業員1,600名）／98

　昇格・降格の運用基準（A株式会社・サービス・従業員830名）／117

　昇格制度（P株式会社・流通小売・従業員1,580名）／125

　昇格管理制度（J株式会社・小売販売・従業員820名）／138

　昇格・昇進制度（K株式会社・製造・従業員360名）／145

　昇格・降格、昇進・降職の運用基準（M生協・従業員300名）／150

　昇格・降格制度（Y生協・従業員750名）／157

　パートナー社員処遇制度
　　（F株式会社・小売販売・従業員（パートのみ）2,500名）／172

　昇格・昇進基準と運用（株式会社H・ホテル・従業員500名）／183

〈マニュアル・規程掲載に当たって〉

　社員にとって、もっとも関心の高い昇格・昇進は、制度として公開され、確実に運用されなければならない。昇格・昇進のための条件設定は、第6章　昇格・昇進基準と制度マニュアルに掲載された各社のケースにみるように「手引書（マニュアル）」の形で明示されている。さらに、手引書は企業内法的規則、すなわち規程化されることによって、ルールとして正当化され、会社の統一基準となる。

　規程は、
①独立した「昇格規程」「昇進規程」として制定される。
②資格制度としての「職務等級規程」「職能資格等級規程」「職務・職能等級規程」の運用条件として、これらの規程の中に盛り込まれ制定される。
③一種の運用細則とか、運用内規の形で制定される。
のように、これら三類型のいづれかの規程として制定されているのが、各企業の実態である。

　第7章　昇格・昇進規程では、特にこれら三類型に分配せず、ランダムに掲載してある。

　各企業の目的によって、選択・選別し参考に供していただきたい。

昇格制度

（F株式会社　製造業・従業員860名）

1．一般昇格

　昇格とは、「社員一人ひとりに備わった一定の資格要件に基づいて、上級の処遇区分（資格対応）に進ませること」であります。

　昇格は、原則として毎年一回行い、昇格条件を基準に検討され決定されます。

1-1　昇格制度の意義とねらい

　昇格制度は、社員に対して、企業内における社会的地位、すなわちステイタスを合理的な方法に基づいて定めてやることによって、心理的な安定を与え、社員間の行動に秩序を与え、さらには将来の地位向上についての見通しと期待を持たせて意欲を刺激し、管理上からは社員の配慮や昇進に際しての人事選考に、明確な基準を立てるために1つの基礎を作ることを目的とするものです。

1-2　昇格条件

1-2-1　実務職掌昇格条件

（表1）実務職掌昇格条件

在級年数最短	昇格考課	推薦	作業実務	面接	筆記試験	自己啓発	資格取得		
2◎	◎	○	○	○	○	△	△	3	実務職掌
2◎	◎	○	○	−	−	△	△	2	
−	−	−	−	−	−	−	−	1	

- ◎ 昇格1次要件（審査・考査・検査を実施するための必要要件。審査・考査・検査のない場合、十分要件）
- ○ 昇格2次要件（昇格1次要件を満たすことにより、各審査・考査・検査を実施）
- △ 昇格1次要件（加点要素）

> 実務2 作業実務：特定分野の作業実務
> 実務3 作業実務：スキルマップに基づく多能化の実務
> 推　　　　薦：管理専担職掌に属する

1-2-2　管理職掌昇格条件

（表2）管理職掌昇格条件

在級年数最短	昇格考課	推薦	作業実務	面接	筆記試験	自己啓発	資格取得
5◎	◎	–	–	–	–	–	–
4◎	◎	–	○	○	○	–	–
3◎	◎	–	–	–	–	–	–
3◎	◎	○	○	○	○	○	○

4	管理職掌
3	
2	
1	

- ◎ 昇格1次要件（審査・考査・検査を実施するための必要要件。審査・考査・検査のない場合、十分要件）
- ○ 昇格2次要件（昇格1次要件を満たすことにより、各審査・考査・検査を実施）
- △ 昇格1次要件（加点要素）

> 管理1推薦：管理専担3等級以上に属する
> 管理3推薦：役員に属する

1-2-3　専担職掌昇格条件

（表3）専担職掌昇格条件

最短在級年数	昇格考課	推薦	作業実務	面接	筆記試験	自己啓発	資格取得
5◎	◎	−	−	−	−	−	−
4◎	◎	−	○	○	○	−	−
3◎	◎	−	○	○	○	○	−
3◎	◎	○	○	○	○	○	○

4	専担職掌
3	
2	
1	

◎　昇格1次要件（審査・考査・検査を実施するための必要要件。審査・考査・検査のない場合、十分要件）
○　昇格2次要件（昇格1次要件を満たすことにより、各審査・考査・検査を実施）
△　昇格1次要件（加点要素）

専担1推薦：管理専担3等級以上に属する
専担3推薦：役員に属する

1-2-4　技能職掌昇格条件

（表4）技能職掌昇格条件

最短在級年数	昇格考課	推薦	作業実務	面接	筆記試験	自己啓発	資格取得
3◎	◎	○	○	○	○	△	△
3◎	◎	○	○	○	○	△	△

2	技能職掌
1	

◎　昇格1次要件（審査・考査・検査を実施するための必要要件。審査・考査・検査のない場合、十分要件）
○　昇格2次要件（昇格1次要件を満たすことにより、各審査・考査・検査を実施）
△　昇格1次要件（加点要素）

技能1、2推薦：管理専担3等級以上に属する

2．特別昇格（飛び級昇格）

　会社方針に沿い、群を抜いた成果の社員に対して、次等級を飛び越えて昇格させる飛び級昇格と最短昇格期間を短縮し昇格させる特別昇格があります。条件は次の通りです。
　成績が特に良好な社員は、以下いずれかに該当するとき、昇格期間を短縮し、若しくは２等級以上昇給させることです。
　⑴　昇格条件全てにわたって抜群の成績である場合。
　⑵　発明考案、業務改善等により職務上特に功績があり又は特殊な施設において極めて困難な勤務条件の下で職務に献身精励し、顕著な功労があった場合。
　⑶　その他社長が特に顕著な功労ありと認める場合。

3．降　格

　昇格に対応する降格があります。降格はその名の通り、社員を下位の等級に格下げすることです。降格には就業規則上の懲戒処分としての降格と、主に人事考課に基づく降格があります。
　降職と降格を合わせて行う場合と、降格のみの場合があります。
　人事考課で２年連続のＣ及びＤの評価を受けた者は、その対象とし役員会にて審査の上決定します。

昇格制度

（C生協・従業員480名）

1．昇格とは

　昇格とは、現在、在級している等級（資格）の枠の中で、期待され要求される知識、技能、経験（習熟）、責任、資格（通信教育修了）などの要件を完全に満たし、なおかつ上位等級での能力発揮を期待しうるときに上位等級にランクされること（昇進は？＝より上位の役職につくこと）。

（図表１）人事処遇体系

〈総合職郡〉

M3	次長	①上司の一般的指示のもとに、部門・部署に準ずる組織の管理補佐が応用的にできる。 ②上司の一般的指示のもとに、高度に複雑な判断業務の遂行、高度な専門性を有する事項の企画開発ができる。
M2	課長	①上司の一般的指示のもとに、部門・部署に準ずる組織の管理補佐ができ、中グループの監督ができる。 ②上司の一般的指示のもとに、複雑な判断業務の遂行、専門性を有する事項の企画開発ができる。
M1	係長	①上司の一般的指示のもとに、部門・部署に順ずる組織の監督補佐が基本的にできる。また小グループの監督ができる。 ②上司の一般的指示のもとに、複雑な判断業務の遂行及び専門性を有する事項の企画開発が補佐的にできる。
B3	主任	上司の一般的指示のもとに、応用的かつ複雑な判断業務を遂行することができる。その職が担うすべての業務の遂行ができる。担当業務の下位メンバーの日常指導ができる。
B2	主任補佐	上司の監督に基づき、マニュアル、諸規定に従い、幅広い日常業務の遂行ができる。また、初歩的な判断業務の処理ができる。
B1	一般	上司の指導に基づき、マニュアル、諸規定に従い、日常業務の遂行ができる。

〈実務職郡〉

| E2 | 主務 | 特定の業務での適性と意欲が強く、その技量形成の積み重ねによって先頭的な成果をおさめることを期待できる。 |
| E1 | 主事 | 特定の業務での適性と意欲が強く、その技量形成の積み重ねによってさらなる成果を期待できる。 |

２．選考対象資格（案）

選考対象は毎年４月段階において、次の在級年数を満たしているものとします。ただし、特別昇格、臨時昇格はこの限りではありません。

なお、必要在級年数は昇格の前提要件となります。

（図表２）

昇格内容	必要在級年数	最短年数
Ｔ１等級→Ｔ２等級	指定なし	
Ｍ３等級→Ｔ１等級	指定なし	（16年）
Ｍ２等級→Ｍ３等級	Ｍ２等級にて３年以上	13年
Ｍ１等級→Ｍ２等級	Ｍ１等級にて３年以上	10年
Ｂ３等級→Ｍ１等級	Ｂ３等級にて３年以上	７年
Ｂ２等級→Ｂ３等級	Ｂ２等級にて２年以上	４年
Ｂ１等級→Ｂ２等級	Ｂ１等級にて２年以上	２年
Ｂ３等級→Ｅ１等級	Ｂ３等級にて３年以上	７年
Ｅ１等級→Ｅ２等級	Ｅ１等級にて３年以上	２年

３．昇格選考の基準

（図表３）

区分	一次要件			二次要件		
項目	教育・資格	人事考課	上司推薦	試験	面接	判定
B1 ↓ B2	必要な研修等の修了（挨拶など） 日生協通信教育（初級修了） ※期限、誤字脱字など点検	直近２年以上Ａ考課、ないしは２年以上Ｂ考課直近１年Ａ考課	センター長、店長、課長、など	なし	なし	人事総務部長

昇格制度

区分	項目					
B2 ↓ B3	必要な研修等の修了(人材育成制度で基準を作成) 日生協通信教育(計数初級、中級修了) ※期限、誤字脱字など点検	直近2年以上A考課ないしは2年以上B考課直近1年A考課	センター長、店長、など	なし	なし	人事総務部長
B3 ↓ M1	必要な研修等の修了(人材育成制度で基準を作成) 日生協通信教育(計数管理、マネジメント初級修了) ※期限、誤字脱字など点検	直近3年以上A考課かつAA考課が中に1度はあることないしはA考課が4年以上。	部長以上の推薦	一般常識、経営関連、管理知識 (60分) 作文提出	人事総務部長	常務理事会
M1 ↓ M2	管理者資格初級コース取得 共同購入担当上級取得ないしは店舗分野別中級取得2つ以上 (or 上級取得)	直近3年以上A考課かつAA考課が中に1度はあることないしはA考課が4年以上。	部長以上の推薦	一般常識、経営関連、管理知識 (60分) 作文提出	人事担当役員	常務理事会
M2 ↓ M3	管理者資格中級コース取得	直近3年以上A考課かつAA考課が中に1度はあることないしはA考課が4年以上。	部長以上の推薦	一般常識、経営関連、管理知識 (60分) ヒューマンアセスメント 作文提出	人事担当役員	常務理事会

(図表4)

区分	一次要件			二次要件		
項目	教育・資格	人事考課	上司推薦	試験	面接	判定
M3 ↓ T1	管理者資格上級コース取得	直近2年以上AA考課以上。	担当役員の推薦	一般常識、経営関連、管理知識 (60分) ヒューマンアセスメント 論文提出	人事担当役員	常務理事会

区分	一次要件			二次要件		
項目	教育・資格	人事考課	上司推薦	試験	面接	判定
T1 ↓ T2		直近2年以上AA考課以上。	担当役員の推薦	論文提出	人事担当役員	常務理事会

区分	一次要件			二次要件		
項目	教育・資格	人事考課	上司推薦	試験	面接	判定
B3 ↓ E1		B3においてA考課が2年以上	本人の希望を踏まえて推薦	なし	人事総務部長	常務理事会
E1 ↓ E2	その分野での生協内資格を取得すること	E1等級にてA考課が3年以上		なし	人事総務部長	常務理事会

　エキスパート（実務）職群からミドル（基幹職群中級クラス）へ移行する場合は、B3からM1への要件を同様に満たすこと

　教育・資格については人材育成制度との連動をすすめます。

4．降　格

(1)　降格とは

　降格とは現在の等級において職務の遂行及び職務責任に問題があるときに下位等級に格付けすることをさします。

(2)　降格の基準

　　1）担当職位や職務遂行に著しい問題があった場合

　　2）人事考課で「B」が2年連続であった場合ないしは「C」があった場合

(3)　判　断

　原則として前述のいずれかに該当する場合、常務理事会で十分審査のうえ、判断します。

なお、本人が希望する場合ないしは常務理事会が必要と判断する場合、実務職群への移行を審査します。

(4) 降格者の処遇

降格した場合は、下位等級の同一号俸へと格付けされます。ただし、次年度の昇格考課で「ＡＡ」以上の考課を得た場合は審査の上、前等級に戻る要件を得ます。

昇格基準

（D株式会社　食品業・従業員1,600名）

1　人事制度のあらまし

　人事諸制度は、その基本理念を「能力開発」に置き、従業員一人ひとりの能力開発による全人格的成長こそ、全体の力を高め、組織を成長させる根源であり、強固な企業体質を実現させる基盤であるという確信のもとに、

　① 各人に、持てる能力を最大限に発揮しうる場を提供し
　② 各人の能力・適性を的確に把握して開発・育成し
　③ 能力発揮の結果である仕事の成果を正しく評価し、これを処遇に反映させることを目指した。

図表1　能力開発サイクル

```
                ←── 成果・能力の評価処遇 ──→
            ┌──────────┐      ┌──────────┐
   能      │ 給与制度 │──────│ 評価制度 │
   力      └──────────┘      └──────────┘        業績評定制度
   発           ↑  ↖      ↗  ↑              自己申告・判定指導制度
   揮           │    ╲  ╱    │              昇格判定制度
   の           │   ┌──────┐ │
   場           │   │等級資格│ │
   の           │   │ 制度  │ │
   提           │   └──────┘ │
   供           │    ╱  ╲    │
                ↓  ↙      ↘  ↓              能力・適性の開発・育成
            ┌──────────┐      ┌──────────┐
            │ 配置管理 │──────│ 教　育   │
            └──────────┘      └──────────┘
                ┌ ローテーションルール
                └ 職種転換制度
```

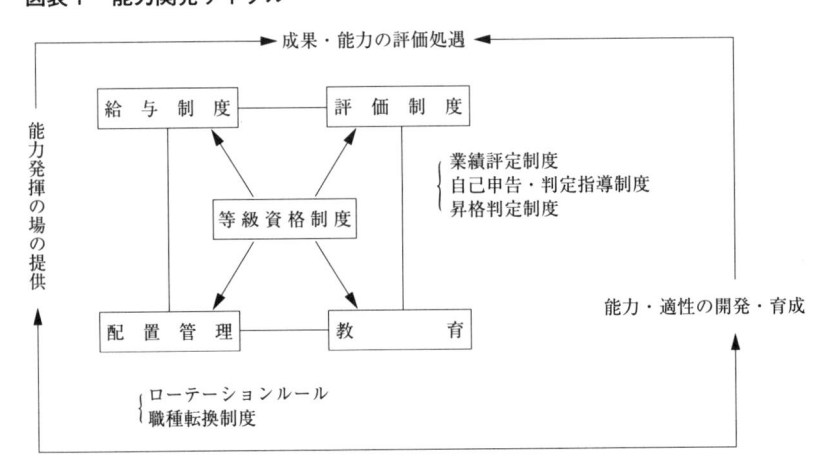

(1) 等級資格制度

　この新人事諸制度を構成する各制度は図1のとおりであるが、これらの各制度を有機的に関連させて能力開発サイクルとしてシステム化を図っている。これらの各制度の中で、等級資格制度が、新人事諸制度の根幹となるもので、他の諸制度の共通の基盤である。

　等級資格制度の狙いは、各職種の等級ごとの役割期待、能力開発の方向を明らかにし、関門通過者には能力資格を付与して専門性の強化、競争力の強化を目指すところにある。

(1) 9つの職種

S職：専ら本社および間接部門において、企画、管理等のスタッフ機能および事務機能を有する職種。

E職：専ら営業部門において、販売企画、販売（販促）、代金回収、情報収集、営業内勤等の営業機能を有する職種。

K職：専ら研究所・工場部門において、基礎研究、開発研究、検査分析、生産管理、生産技術、エンジニアリング、物流、医務および営業部門のテクニカル・サービス等の研究・技術機能を有する職種。

G職：専ら研究所・工場部門において、検査分析、プラント運転、製造、生産管理、設備保全、原動、物流、サービス等の生産・技能・実務機能を有する職種。

U職：乗用車の運転、維持管理に係わる機能を有する職種。

F職：警備、安全、消防に係わる機能を有する職種。

J職：専ら本社間接部門および営業部門において、企画、管理販売等のスタッフ補助機能および事務機能を有する職種。

T職：専ら研究所・工場部門において、研究開発補助、生産技術補助、検査分析、医務等の研究・技術補助機能を有する職

種。

P職：専ら研究所・工場部門において、製造、検査分析、物流、サービス等の生産技能・実務補助機能を有する職種。

以上9職種の分類は、役割・成果についての期待値が類似する仕事の集団を単位としている。

(2) 等　級

6等級とし、各職種とも最上位等級に達するまでは、標準在級年数4年で運用している。各等級の内容については「等級定義書」により明確にしてある。さらに、各職種の専門性の期待値も、職務別（たとえば、S職を人事・労務、購買、財務、マーケティング等の職務グループに分ける）等級別の「職務期待値」として細かく明示している。

等級基準の統一の考え方は、

ⅰ）等級体系は、全職種共通で1本であり、職種にかかわらず同等級にある者は、同ランクにあるものとして遇することを原則とする。

ⅱ）等級の標準在級年数は4年で統一し、学歴、性別による差は設けない。

というところにある。

(3) 能力資格呼称

職種別に最上位級（上限）を設けており、これを超えての能力伸長が期待される者には昇格判定（関門昇給）を行い、能力資格呼称（主補・主司・主務・主任）を付与している。また、Ⅵ級（主任）の中での特別処遇として「主事」という資格呼称もあり、能力資格手当として月額25,000円を支給している。

なお、「主事」の定義は次のとおりである。

昇格基準

図表2　等級資格制度のフレームと能力資格呼称

職種／等級	I	II	III	IV	V	VI
S職		○	○	○	○	→(主任)
E職		○	○	○	○	→(主任)
K職		○	○	○	○	→(主任)
G職	○	○	○	○	→(主務)	→(主任)
U職	○	○	○	○	→(主務)	→(主任)
F職	○	○	○	○	→(主務)	→(主任)
J職		○	○	→(主司)		2年
T職		○	○	→(主司)		7年
P職		○	→(主補)			2年

等級	能力資格呼称
VI級	主事
	主　任
V級	主　務
IV級	主　司
III級	主　補
II級	―
I級	―
I級	―

(注)① 主補、主司、主務、主任、主事昇格については昇格判定制度による。
　　② 上限等級（関門一の手前）までは昇格判定なしに、標準在級年数4年で昇級する。
　　③ 特進1年、遅進1年あり。また、職種転換、職種変更もある。

図表3　標準在級年数

職種	学歴等級	I	II	III	IV
S・E・K	大　　　卒			1	4
	短大・高専卒		5	5	4
	高　　　卒			4	4
G・U・F	大　　　卒		5	5	
	高　　　卒			4	
J・T	大　　　卒		3		
	短大・高専卒（I）		4		
	高　〃　（II）		5		
	高　　　卒				
P	高　　　卒				
	中　　　卒	4			

(注) 1．初任格付がII-0、III-0、の場合は、初任等級での標準在級年数を5年とする。
　　 2．J・T職大卒、P職高卒の初任格付は、それぞれIII-0、II-0であり、標準在級年数はない。
　　 3．特進は標準マイナス1年、遅進は標準プラス1年（一部1年をこえる場合がある）とする。

「担当業務に関して、ベテランあるいはエキスパートといい得るだけの高度な技術・技能と豊富な経験、専門知識を有し、担当業務の高度処理、例外的突発事項への対応、情報、新技術、新手法への迅速な対応と共に、技術・技能の伝承と後進への指導が可能であると認められる者。」

以上の等級資格制度のフレームを図示すると図表2のようになる。また、職種別学歴別の標準在級年数は図表3に示してある。

この等級資格制度をベースとして、評価制度、配置管理制度、教育制度、給与制度が相互にリンクしている。以下、各制度のポイントを挙げる。

(2) 評価制度

評価制度は目的別に次の3つの制度から成り立っている。

1) 業績評定制度

当該期間における各人の業績を正しく評価し、定昇・賞与へ反映する。

2) 自己申告・判定指導制度

上司と部下の公式的なツーウェィ・コミュニケーションとし、各人の能力開発の指針、目標の共有化さらには人事情報として活用する。

3) 昇格判定制度

中長期の本人の能力を正しく把握し、昇格処遇へ反映する。

(3) 配置管理制度

ローテーションルールを作り、異なった職務の経験、他事業所での勤務経験等により、能力の拡張を積極的に図っている。ローテー

ションルールの大枠は、以下のとおりである。
1）業務上のニーズおよび各人の能力、適性に応じた配置を通じての能力開発のためにローテーションをルール化する。
2）S職、E職、K職については、入社後10年間において3つ以上の異なった職務を経験するように異動を行う。1つの職務の在職年数は、3年～6年を目途とする。（事業所間または、部間異動はこれに含める）

ただし、専門性強化視点からは例外はあり得る。
3）G職については入社後10年間において原則として2つ以上の職務を経験するように異動を行う。1つの職務の在職年数は、3～6年を目途とする。（係間、課間、部間、事業所間異動はこれに含める）
4）その他の職種およびS職、E職、K職、G職の上記2、3以外の人については、1）の視点に立った個別の異動をする。

以上が、ローテーションルールの大枠だが、適性に応じた職種に移りうるルートの設定、ならびに企業状況による要員のニーズに応え、人材の活用を図るという両面から職種転換を行っている。その種類は次のとおりである。

　　　G職、U職、F職（主務、主任は除く）──S職、E職、K職
　　　J職、T職────────────────S職、E職、K職
　　　P職（主補を除く）──────────J職、T職

(4) 教育制度

教育の中心をOJTならびに自己啓発に置いている。したがって、仕事を通じてあるいは職場生活を通じて自らの課題（能力開発目標）を上司との対話、相互理解の中から設定し、それに向かっての

本人の自己啓発と、上司による指導、援助を重視する。

　さらに、OJT ならびに自己啓発からのニーズに基づくものあるいは、それを促進するものとして Off-JT がある。これは、基本研修と専門・実務研修の2本柱で構成されており、基本研修は、全員に共通する企業人としての教養、意欲、行動等を確立する契機としての場であり、専門・実務研修は OJT と連動して、職務上の知識、技能を深め、自己啓発への一助とする。

2　昇進・昇格基準

　昇進・昇格の考え方については、前述の評価制度の中の昇格判定制度によっているが業績評定制度、自己申告・判定指導制度とも密接にリンクしている。

(1)　評価制度の狙い

　評価制度は目的別に「業績評定制度」「自己申告・判定指導制度」「昇格判定制度」の3つの制度から構成されている。このように目的別に設けることによって従業員の能力、適性を的確に把握するとともに、正しく処遇に反映させることを狙いとしている。

　また、従業員の能力開発をより一層推進するため、業績評定制度では具体的な仕事を通じての能力開発の方向を明らかにし、自己申告・判定指導制度では長期的な能力開発必要点の発見と適正配置の実現を図り、昇格判定制度より高い能力水準へ全員がチャレンジするインセンティブとしている。そして、重要なのは、評価制度全体を公開し、能力開発の視点からフィードバックを行う制度であり、上下の信頼関係を基盤とする明るい民主的な運営を図っているという点である。

(2) 業績判定制度

　業績評定における業績とは、評定対象期間中の仕事の成果としての成績と、そこで顕在化された業務遂行能力と、業務遂行の過程にあらわれた意欲、行動、態度等を統合したものである。したがって、業績評定といっても単に仕事の成果のみを評定するものではない。業績評定は職種別に設定された「業績評定票」（図表参照）によって行われるが、この業績評定票、等級定義書および職務期待値の中に各々の役割期待が明示されており、仕事に密着した評定項目についての評定結果を、各人にフィードバックすることによって、能力開発を促進することを狙いとしている。

① 評定の基準

　評定尺度は5段階で、同一職種等級内での相対評価として、次の分布を基準にして運用している。

〈評定尺度〉

　抜群であった……………………………………………S
　期待に対し十二分に応えた……………………………A
　期待に対し順調に応えた………………………………B
　期待に対しやや不足であった…………………………C
　今後期待に応えるには相当の努力を要する…………D

〈分布基準〉

　〔S・A〕対〔C・D〕を3対2とし、下記の目途の範囲内で運用することにより評価の弾力化を図っている。

〈分布目途〉

```
〔S・A〕：〔  B  〕：〔C・D〕
  25        60        15
  〜        〜        〜
  30    :   50    :   20
```

② 評定者及び評定手順（図表4参照）

図表4　評定者及び評定手順

被評定者	第一次評定者	第二次評定者	第一次調整	第二次（全社）調整	決定
一般従業員	課　　長	部　　長	事業所内調整会議	全社調整会議	人事部長

注：係長（出張所長）、班長のいる職場においては、係長（出張所長）を第一次評定者、班長を予備評定者とします。この場合課長は第二次評定者とし、部長は第三次評定者とします。
　　但し、第一次評定の評定責任者はあくまでも課長であります。

③　評価時期と対象期間
　・上期評定　4月（対象期間　前年10月～当年3月）
　・下期評定　10月（対象期間　当年4月～当年9月）
　なお、各期の結果はそれぞれ賞与に反映させ、また2回の評価結果を定期昇給に反映させる。

④　面接・フィードバック
　評定確定後第1次評定者は、評定結果を評定要素に沿ってフィードバックする。これは被評定者との間に徹底した意志の疎通を図り、その後の自己啓発のための明確な指標を与えることが狙いである。

(3) **自己申告・判定指導制度**

　従業員一人ひとりの能力開発必要点の発見と適正配置の実現に資するために、全従業員を対象に全社統一して実施している。これにより従業員は自らの意見、希望を公式に表明する機会を得ることになり、管理者は従業員一人ひとりの持つ資質・能力・適性を把握でき、さらに個人面接により上司と部下との直接的な対話を通じて、

相互の理解と信頼を深めることができる。

① 自己申告者、判定者および承認者（図表5参照）
② 実施時期年1回10月～12月
③ 自己申告・判定指導の手順

　自己申告者は、自己申告票に自らの考えを記入し、直属上司に提出し、上司は上司判定票の「能力開発」欄（1、2、3）を記入して個人面接を行う。面接時に本人の今後一年間の能力開発テーマを決定して、上司判定票の「能力開発」欄（4）に記入する。面接後、この面接結果と日頃の観察に基づいて上司判定票の「適性」「将来の仕事」等にも記入する。

　このように自己申告－面接－判定指導のプロセスを通して被判定者の能力や資質、将来の方向をお互いに的確に認識し合うことができ、ローテーション、職種転換、昇格、教育等の人事管理上の重要な人事情報として活用している。

図表5　自己申告者、判定者、承認者

自己申告者（被判定者）	判定者	承認者
一般従業員全員	課　　長	部　　長

(注)係長、班長のいる職場においては係長、班長を予備判定者とします。

図表6　業績評定表

S職　　　　　　　　　　　　　　業績評定表　　　　　　　　　　　　昭和59年下期

等級在年	事業所・部	課・係	被評定者氏名	第一次評定者氏名
級　　年				㊞

		評定項目		評定尺度
要素評定	仕事の成果（目標達成度）		○当該期の組織目標を踏まえて・上司との間で設定した個人目標を達成したか。	S A B C D
	取り組み姿勢	積極性	○担当職務に関し、仕事の質・量を高める努力を進んで行ったか。 ○知識・経験を向上させるために、自ら進んで新しい仕事や困難なテーマに問題意識を持って取り組んだか。	S A B C D
		協調性	○組織全体の立場に立って各部門のつながりをよく理解し・状況に応じて適切な協力をなし得たか。 ○自分の守備範囲にとどまらず、上司・同僚や他部門とのパイプ役を果たし、意欲的なチームづくりに努めたか。	S A B C D
		責任感	○スタッフとしての役割を十分認識し、それを果たすために最善をつくしたか。 ○困難な事態にあたって、責任を回避することなく最後まで執着をもってやり遂げる努力をしたか。	S A B C D
		企業人意識	○企業目標に沿って、企業人としての責務を理解し、行動したか。 ○味の素KKの社員としての自覚に立ち、社内外に良好な影響を、与えるよう努めたか。 ○常に競争力視点に立って職務を遂行したか。 ○規程、規則を遵守したか。	S A B C D
	職務能力	知識	○担当職務に関する専門的な知識・理論を意欲的に習得し、実務に生かしたか。 ○職務遂行過程で発揮された知識・理論の質・量は十分であったか。	S A B C D
		理解力 判定力	○担当職務に関するものごとを正しく早く習得・理解し、合理的分析を行い、効果的に業務を遂行するために正しい判断ができたか。 ○判断は適時適切であったか。	S A B C D
		企画力 創造力	○目標を達成するために、問題点の把握を適切に行い、効果的で実現性のある施策の企画・立案を行ったか。 ○従来の考え方・やり方にとらわれず、新しい発想・方法を企画・立案に取り入れたか。	S A B C D
		コミュニケーション 折衝力	○社内外の折衝にあたって、臨機応変に対処したか。 ○折衝にあたって、相手の立場を尊重し、その主張をよく理解しながらも当方の主張を正確に伝え、適切に事態をまとめたか。 ○社内外におけるコミュニケーションは適時適切であったか。	S A B C D
		リーダーシップ （5級6級）	○チームメーンバーをとりまとめ、チームとしての成果に貢献したか。 ○後進に対する指導・教育を十分に行ったか。 ○リーダーとして、積極的に上司に意見具申を行い、上司の判断に良い影響を与えたか。	S A B C D
総合評定		（コメント）		S A B C D

記入上の注意	特記事項欄（第2次評定者）	第2次評定者		最終決定
1．仕事の成果（目標達成度）は絶対評価とする。取り組み姿勢、職務能力、総合評定は相対評価とする。 2．要素評定、給合評定とも第1次評定者のみこれを行う。評定給果は評定尺度の該当するところを○で囲む。 3．第2次評定者以降は捺印欄に認印する。但し、評定にくい違いがある場合は十分協議の上、第1次評定者の評定結果を修正し、捺印欄に記入する。 4．対象期間は上期は10/1～3/31、下期は4/1～9/30とする。対象期間には十分留意して過去の業績に遡及しないこと。		第1次調整	
			第2次調整	

昇格基準

図表7 自己申告・評定指導票（自己申告票）

本人記入年月日	職種・等級・経年	所属	氏名
			（印）

自 己 申 告

	自己申告票	この票はあなたの能力開発ローテーション等のための参考資料として作成するものですから空欄のないよう記入して下さい。この票によって申告希望されたことがそのまま取り上げられるとは限りませんが卒直に書いて下さい。	
現在の仕事	1．過去1年間に主に担当した職務を挙げてください。（職務分類表を参考に記入して下さい） 　①　　　　　　　　　　② 2．その職務を通しての目標、あるいはテーマは何でしたか。具体的に列挙して下さい。	3．その成果はどうですか、個別の目標あるいはテーマごとに答えて下さい。	4．現在の仕事全体（仕事の質、量、職場の方針、仕事に対する適性など）を通じての問題点、あるいは意見があれば書いて下さい。
能力開発	1．過去1年間の能力開発テーマの遂行状況はどうですか。 　（テーマ）　　　　（遂行状況） 2．過去1年間に受けた社内外研修・講習・教育及び研究勉強した事　柄を挙げて下さい。	3．今後の能力開発テーマについてどう考えていますか。 　（テーマ）　　　　　（理　由） 4．そのために受けたい教育、研究・勉強したい事柄を挙げて下さい。	
将来の仕事	1．当面の異動についてどう考えますか、該当するところに○印をつけて下さい。 　1．現状のままでよい。 　2．1年以内に希望する。 　3．1～2年後に希望する。 2．その理由は何ですか。該当するところに○印をつけて下さい。 　1．現職が適当。 　2．現職を深く経験したい。 　3．現職に就いて間もない。 　4．将来のために他部門を経験したい。 　5．現職では不適と思う。 　6．現職が長く気分を一新したい。 　7．対人関係の点から変わりたい。 　8．その他（　　　　　　　　）	3．職務・異動先として具体的に何を希望しますか、1の問に対し②または③と答えた場合のみ書いて下さい。 　　　　希望職務　　　　　　異動先 　1．（　　　　　　）（　　　　　　） 　2．（　　　　　　）（　　　　　　） 　3．（　　　　　　）（　　　　　　） 4．将来の進路について、どの分野で自分を生かしていきたいと思いますか。職務分類表を参考に記入して下さい。	
	異動の際、家族の健康状況、子女の教育の問題等一身上の事情で考慮すべき点がありましたら何でも書いて下さい。		
自由意見欄	上記項目以外で申告しておきたいことがあれば何でも自由に書いて下さい。		

ノーカーボンコピーのため黒いボールペンで強く押して書いて下さい。

図表8　自己申告・判定指導票（上司判定票）

判 定 指 導 票

上司記入年月日	面接年月日	判定者役職名	氏　名

上司判定票

この票は部下の能力開発ローテーション等の参考資料とするものです。部下の自己申告にもとづいて面接を行ない更には日常の観察の結果を通じ上司としての意見を卒直に記入して下さい。

能力開発（OJT含む）

1．本人に対し過去1年間に指導教育して来た点は何ですか。具体的に列挙して下さい。	2．その成果はどうでしたか、個別テーマごとに答えて下さい。	3．能力開発視点に立って上司としてアドバイスしたい事柄は何ですか。

4．本人の今後1年間の能力開発テーマは何ですか。本人と面接の上記入して下さい。

ここまでの欄は本人の「成長記録」

適性

現在の職務と本人の適性についてどう考えますか、またその理由は何ですか。

将来の仕事

1．本人の当面の異動についてどう考えますか、該当するところに○印を付けて下さい。
　1．現職を続けさせたい。
　2．1年以内に異動させたい。
　3．1〜2年後に異動させたい。
2．その理由は何ですか。該当するところに○印をつけて下さい。
　1．現職が最適と思われる。
　2．現職を担当して間もない。
　3．適当な後任者がいない。
　4．将来の育成のため他部門を経験させたい。
　5．現職が長く気分を一新させるため。
　6．他の職場でより適性を発揮させたい。
　7．人間関係
　8．その他（　　　　　　　　　　　）

4．本人の適性を考え、職務・異動先として具体的に何が適当か、1の問に対し②あるいは③と答えた場合のみ書いて下さい。

　　　　希望職務　　　　　　　異動先
　1．（　　　　　　）（　　　　　　　）
　2．（　　　　　　）（　　　　　　　）
　3．（　　　　　　）（　　　　　　　）

5．本人の適性を考えて、将来の進路について、どの分野で本人を生かしていきたいと思いますか、職務分類表を参考に記入して下さい。

3．上記1の問に対し②あるいは③と答えた場合、後任についてはどのように考えますか、該当するところに○印をつけて下さい。
　1．部内で補充　　2．部外から補充・希望条件（　　　　　　　　　　　　　　　　）

自由意見欄

上記項目以外で特に意見がありましたら何でも書いて下さい。本人の一身上の事情についての意見もあわせて書いて下さい。

承認意見欄

上記意見に対して、a．b．のいずれかに認印下さい。またa．bいずれの場合でも必ず意見を余白に書いて下さい。

a	ほぼ同意見			
b	やや意見が異なる			

昇格基準

図表9　昇格判定票（主任昇格）

職　種	等級経年	事務所・部 (室・班・センター)	課・係	被判定者氏名	第1次判定者氏名	過去の 判定回数

	判定要素	着　眼　点	判定尺度
要素判定（○で囲んで下さい）	専門的知識	担当分野に関する高度な専門的知識あるいは技術・技能を有しているか。その知識・技術・技能の研鑽に努めるとともに広く関連分野の知識をも吸収し、積極的に自己のレベルアップに努力しているか。	抜群　優秀　標準　標準以下
	中堅幹部としての自覚と責任感	中堅としての使命・役割を認識して前向きの目標を設定し遂行しているか。 常に競争力視点にたって長期的・総合的観点から思考・行動に心がけているか。	抜群　優秀　標準　標準以下
	意欲ならびに行　動　力	自己を起点として前向きに仕事を展開していく不断の意欲と行動力を持っているか。 摩擦・批判・反対を恐れない勇気と強靭な意志力を備えているか。	抜群　優秀　標準　標準以下
	企画創造力	既存の概念にとらわれることなく、多様な角度から事象をとらえながら独自の発想により取り組んでいける能力、専門分野の新しい応用範囲を積極的に切り拓いていく能力を持っているか。	抜群　優秀　標準　標準以下
	見識・洞察力	社会全般の動向を大局的に予見洞察し、業務に的確に反映させる能力を持っているか。	抜群　優秀　標準　標準以下
	意思決定能力 決　断　力	問題の所在を曖昧にすることなく、積極果敢に独自の意思決定を行う能力を持っているか。 迅速的確な決断力を持っているか。	抜群　優秀　標準　標準以下
	リーダーシップ	多くの関係者をひきつける包容力、風格、器量を備え組織のリーダーとして総括・管理する能力を持っているか。 常に後進の指導・教育に心がけているか。 上司の判断に大きな影響を与える積極的な意見具申を行う能力を持っているか。	抜群　優秀　標準　標準以下

総合判定（○で囲んで下さい）	A　直ちに主任昇格が可能である。 B　主任昇格には今少しの経験と能力開発を必要とする。 C　より多くの経験をつませ、能力開発を行った後でないと判断できない。 D　主任昇格の可能性は極めて少ない。	Aに該当する場合は次の各項目について該当する番号を○で囲んで下さい。 主任適性 1．部下をもつ監督者タイプ 2．部下をもたない専門職タイプ 職務特性 1．現在の部門が最適である。 2．他部門での活動が期待できる推薦部門	昇格に関して特に考慮すべき事項があれば記して下さい。

B、C、Dに該当する場合、今後の指導、教育の方針と内容を書いて下さい。	第2次判定者判定欄 (所見) 総合判定（A、B、C、Dの記号で記入して下さい。）	㊞

(4) 昇格判定制度

① 昇格判定

　等級資格制度によって、職種ごとに格付けされた最上位等級をこえて進級することを「昇格」といい、意欲と能力のある全ての人に昇格の機会を設けている。昇格は以下の5つの他に、管理職昇格がある。

ⓐ　主補昇格……P職Ⅲ級で、P職の職場リーダーとして職務遂行が可能であること。

ⓑ　主司昇格……J職、T職Ⅳ級への昇格で、J職、T職の職場リーダーとして職務遂行が可能であること。

ⓒ　主務昇格……G職、U職、F職Ⅴ級への昇格で、担当業務並びに関連業務に精通し、職場におけるリーダーシップを発揮し得ること。

ⓓ　主任昇格……S職、E職、K職、G職、U職、F職Ⅵ級への昇格で、組織のリーダーとして統括、管理ができると共に、担当業務に関する高度な専門的知識および社内全般にわたる一般知識を有し、一般として最高のレベルの業務を遂行し得ること。

ⓔ　主事昇格……担当業務に関して、ベテランあるいはエキスパートといい得るだけの高度な技術・技能と豊富な経験、専門知識を有し、担当業務の高度処理、例外的突発事項への対応、情報、新技術、新手法への迅速な対応と共に、技術・技能の伝承と後進への指導が可能であると認められる者。（主任の中の特別処遇）

　上記の昇格については、それぞれの役割期待を照らし、「昇格判

定票」による判定を主体に（70〜80％のウエイト）、より客観性、公正さを保つ意味から試験結果を参考に決定する。以上、昇格判定を受けることのできる資格、並びに判定内容をまとめると次のようになる。

図表10　昇格判定資格と判定内容

種類	有資格者	判定内容
主補昇格	P職のⅡ級－4年以上	1．主補昇格判定票 2．試験　一般知識 　　　　　知的適応テスト
主司昇格	J職、T職のⅢ級－4年以上	1．主司昇格判定票 2．試験　一般知識 　　　　　知的適応テスト 　　　　　小論文
主務昇給	G職、U職、F職のⅣ－4年以上	1．主務昇格判定票 2．試験　一般知識 　　　　　管理監督者適性テスト 　　　　　小論文
主任昇給	V級－4年以上	1．主任昇格判定票 2．試験　論文 　　　　　管理監督者適性テスト
主事昇格	Ⅵ級	1．主務昇格判定票 2．事前レポート 3．人事部長面接

(注)上記在級年数より1年前の人でも事業所長推薦により、対象となり得る。

図表11　判定者及び判定手順

第一次判定者	第二次判定者	第一次調整	第二次 （全社）調整	決　定
課　長	部　長	事業所内 調整会議	全社調整会議	人事部長

②　判定者及び判定手順（図表11参照）
③　実施時期スケジュール

自己申告・判定指導時の面接において昇格を希望した人に対し、11月にその意向を確認のうえ、第1次判定者が第1次判定を行う。その後、第2次判定、筆記試験、第1次、第2次調整が行われ、12月に昇格者を決定し、4月1日付で辞令が公布される。

④　昇格前教育

　昇格職務の役割期待に応え得る能力は、基本的には自己啓発と職場における仕事を通じてのOJTにより形成されるべきである。したがって、昇格候補者は自ら自己研鑽を行い、上司も積極的に候補者に働きかけ、昇格後の職務遂行に必要な能力や態度を身につけるようにしている。

　ただし、Off.JTの中に、V級職研修など、昇格前研修として位置づけられるものがある。

(5)　昇格試験

　昇格判定と平行して行われる昇格試験は、制度に客観性を付与するために設けている。これはあくまでも判定制度の一部分を担うものであり、調整、決定の際に参考とするものである。試験の内容は、図表10のとおりだが具体的には以下のとおりである。

①　一般知識

　主補、主司、主務昇格それぞれ問題は異なる。筆記60分。

②　知的適応テスト（IAT）

　筆記60分。25問。

③　管理監督者適性テスト（MAT）／筆記60分。30問。

④　小論文／筆記30分。800字原稿用紙1枚。

⑤　論文／筆記60分。800字原稿用紙1枚。

⑥　事前レポート／主事昇格のみ。枚数の指定はない。

⑦　人事部長面接／主事昇格のみ。1人10分程度。

(6) 特別昇格について
　昇格判定を受けることのできる資格は図表10のとおりであるが、有資格者に達する1年前の人でも、事業所長の推薦により、対象となり得る。

図表12　評価制度年間スケジュール

	4	5	6	7	8	9	10	11	12	1	2	3
業績評定制度	第一次評定	第二次評定 第一次（事業所）調整 第二次（全社）調整 人事部長決定調整		フィードバック			第一次評定 第二次評定 第一次調整 第二次調整 人事部長決定			フィードバック		
判定指導自己申告制度						自己申告指導票配布 自己申告指導票提出	▲	▲ 面接		承認者承認 判定記入終了		
昇格判定制度							昇格判定希望者の確認	第一次判定 第二次判定		入社 第一次調整 第二次調整 人事部長決定 昇格試験 フィードバック		
個人目標	個人目標設定（年間）						上期の評価と下期の課題			部課目標 事業所目標		

115

(7) 管理職の昇格

図表13

一般管理職	専門管理職
部　　　長	主任研究員（部長待遇）
副　部　長	主任研究員（部長待遇）
課　　　長	主任研究員（課長待遇）

管理職については、管理職人事諸制度によって人事管理が行われる。

① 昇格判定の基本的な考え方

　　管理職の昇格は、組織運営の核として行動する高能力集団を形成し、維持することを狙いとして行っているが、基本的な考え方として、次の3点があげられる。

　ⓐ　年功偏重を脱し、能力主義を徹底する。

　ⓑ　管理職の期待像に照らし、能力とパーソナリティの両面から総合的に判定する。

　ⓒ　長期的視点より将来性を十分に考慮する。

② 昇格判定の内容

　　昇格は管理職の期待像に照らし、判定票に基づいて行う。

　ⓐ　一般管理職昇格判定票（対象：各職種Ⅵ級、課長、副部長）

　ⓑ　専門管理職昇格判定票（対象：各職種Ⅵ級、主任研究員〈課長、副部長待遇〉、事務系専門管理職〈課長、副部長待遇〉）

③ 実施時期

　　判定5～6月／発令7月1日

昇格・降格の運用基準

（A株式会社　サービス・従業員830名）

　新制度では必要在級年数・習得教育と資格取得・人事評価・昇格試験などの要件に基づいて昇格を運用します。能力開発を積極的に行い、職務の遂行度が高い場合には、いままで以上のスピードで昇格が可能となります。しかし、逆にその等級にふさわしくない職務遂行度であると判断された場合には、降格が行われることになります。以下にその運用の詳細を説明します。

1．初任格付け

a．新規学卒者の格付け

　高校卒はＪ１（J101）短大・専門学校卒はＪ２（J201）

　大学卒はＪ３（J301）院卒はＪ３の３年目（J307）に格付けします。

b．中途採用者の格付け

　a以外の新規採用者は、担当する職務に該当する下限等級の初号に仮格付けし、３期以上の評価後の昇格判定によって本格付けを行います。ただし、職歴や採用時評価などから特別に上位等級に仮格付けを行う場合もあります。

2．昇格の定義

　昇格とは、同一職群内で上位の資格等級に上がることをいいます。昇格は、次の３通りがあります。

a．昇格の種類
　① 　一般昇格
　　昇格要件をすべて満たした場合に行われる昇格です。
　　　例）ＳＫ１→ＳＫ２、Ｓ１→Ｓ２
　② 　自動昇格
　　資格等級Ｊ１・Ｊ２の者で、以下の年数を経過した場合、原則として自動的にＪ２・Ｊ３への昇格を行います。
　　　　Ｊ１：２年
　　　　Ｊ２：２年
　　ただし、昇格が不適当と認められた場合は、昇格できないことがあります。
　③ 　特別昇格
　　当社の組織運営上必要と認められた場合、昇格基準を満たしていない者でも特別に昇格させることがあります。この場合「面接」を行い、常任理事会での承認により昇格するものとします。（一般職においては行いません）
　　この時、当人の該当等級から１つ飛ばして昇格することにより結果として「飛び級」となる場合があります。
　　　例）現在Ｓ１の者にＳ３の仕事をさせたい場合
　　　　当年は資格等級はＳ１のままとし、Ｓ３の仕事を与えます。
　　　　１年後Ｓ３の能力があると認められた場合、Ｓ３へ特別昇格することになります。

昇格・降格の運用基準

昇格モデル（図表１）

管理職		専門職		指導監督職		一般職	
E3		S3		SK3		J4	(大卒)
E2		S2		SK2		J3	(短大卒)
E1		S1		SK1		J2	
						J1	(高卒)

年齢

119

3．昇格・降格の仕方

a．昇格の原則

　上位等級の職務が遂行できると判断された者

b．昇格の基準（図表2）

現等級	年数※1	通信※2	論文	試験※3	人事評価	面接
E2	3	−	○	−	詳細は評価制度で規定します	○
E1	3	−	○	−		○
S2	3	○	−	−		○
S1	3	○	−	○		○
SK2	3	○	−	−		○
SK1	3	○	−	○		○
J3	3	○	−	○		○
J2	2	−	−	−		−
J1	2	−	−	−		−

※1　各等級に求められる能力を身に付け，職務遂行において十分に能力を発揮できるようになるには2～3年の経験が必要です。標準者で必要年数は3年とします。2期連続（1年）で昇格活用評価が「Ⅰ」もしくは3期連続（1年半）で「Ⅱ」以上の場合，2年で必要年数を満たすものとします。（J1・J2を除く）

　　年数の起算日は毎年4月1日とします。（休職の期間は除外します）

※2　昇格に必要な通信教育の詳細は別途能力開発制度で定めます。

※3　資格試験の詳細は別途能力開発制度で定めます。

昇格・降格の運用基準

c. 昇格までの流れ（図表3）

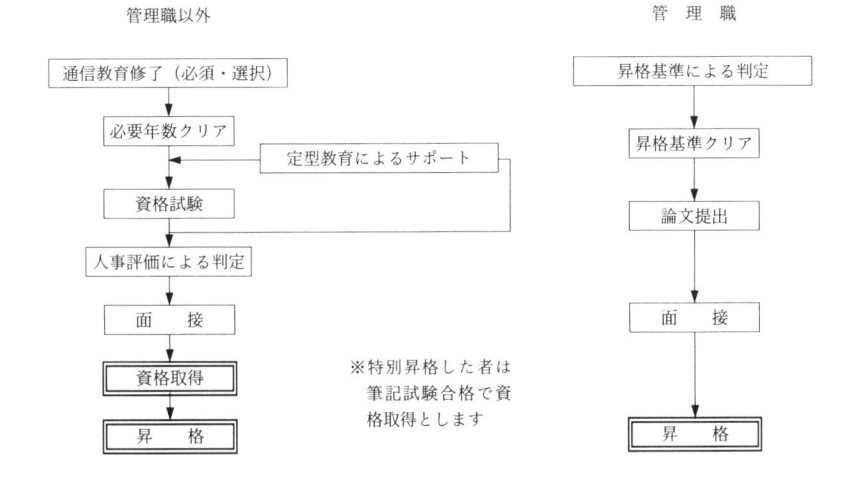

管理職以外

```
通信教育修了（必須・選択）
        ↓
   必要年数クリア ←──┐
        ↓          │
     資格試験 ──── 定型教育によるサポート
        ↓          │
  人事評価による判定 ─┘
        ↓
      面　接
        ↓
     資格取得
        ↓
      昇　格
```

管理職

```
昇格基準による判定
        ↓
   昇格基準クリア
        ↓
     論文提出
        ↓
      面　接
        ↓
      昇　格
```

※特別昇格した者は筆記試験合格で資格取得とします

d. 資格試験と昇格の体系（図表4）

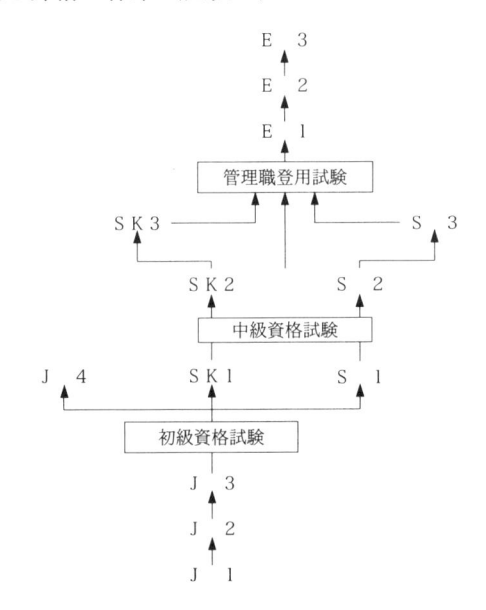

```
              E 3
              ↑
              E 2
              ↑
              E 1
              ↑
         管理職登用試験
         ↑    ↑    ↑
       SK3        S 3
         ↑        ↑
        SK2      S 2
         ↑   ↑   ↑
          中級資格試験
         ↑    ↑    ↑
    J 4   SK1      S 1
         ↑   ↑   ↑
          初級資格試験
              ↑
              J 3
              ↑
              J 2
              ↑
              J 1
```

e．昇格時の処遇

　一般昇格・自動昇格者は4月分給与から新等級の賃金が適用されます。

　特別昇格した者は翌月分から新等級の賃金が適用されます。

4．降格の定義

　降格とは、下位の職群・資格等級へ格付けされることをいいます。

a．降格の基準
① 担当職位や職務遂行に著しい問題があった場合
② 昇格評価が2期連続で「V」だった場合
③ 下位等級に該当する職務に任用された場合

b．降格の確定

　上記(4)aのいずれかに該当する場合、管理部CMまたは管掌役員による面接の上、常任理事会での承認により確定します。

c．降格時の処遇

　降格した者は、翌月分から下位等級同号俸の賃金を適用します。

d．降格者の復帰

　(4)aの①②により降格した者は、降格後最初の昇格評価が「Ⅱ」以上で常任理事会で承認された場合には元の等級へ復帰できるものとします。

e．降格の特例措置

　SK2・S2・E2以上の資格等級の者が(4)aの①②以外の理由で他の職群へ降格する場合、降格前の資格等級を2年間保証します。これは業態間異動をスムーズに進めるためのものです。

5．任用・昇進

任用・昇進は、本人の適正や能力開発度合いおよびキャリア等を見ながら、あくまで個々人の育成と適材適所の配置を実現する観点で実施します。

(1) 任用

任用とは原則として異なる職種・職位へ配転されることです。

　例）インスペクタ　→　バイヤー

(2) 昇進

昇進とは上位職群へ任用されることで、次の4通りがあります。

　・一般職　→　指導監督職　　・指導監督職　→　管理職
　・一般職　→　専任職　　・専任職　→　管理職

(3) 職群間異動

職群間異動とは現在の職群から異なる職群へ異動することです。

ただし、上位職群への異動は昇進とします。

(4) 昇進の判定

各職位の期待像に照らし自己申告・知識・能力・技術・適性・キャリア・人事評価等を総合的に考慮し判定します。

条　件	基　　準	決　定
ポストが空席 または 増設された時	・資格試験、登用試験に合格した者 ・上位職位任用に相応しい業績を上げている者 ・上位職位任用に相応しい知識・能力・適性・キャリアを有している者	常任理事会にて承認

6．申告・選択の仕組み（図表5）

自 己 申 告	年1回下期育成面接前に記入	本人が上司に個人の意思や情報を発信できる機会とします。 申告内容は①現在の職務と適性②身上等とします。
上 司 所 見	年1回下期育成面接後に記入	自己申告に対する上司の所見として①職務と適性②育成計画等とします。
コース選択	対象者のみ面接試験前に記入	初級資格取得時に，当社に意思を発信できる機会とします。 内容は①異動希望の有無とその理由②希望コースとそのための自己啓発状況等とします。

7．昇格・昇進のスケジュール（図表6）

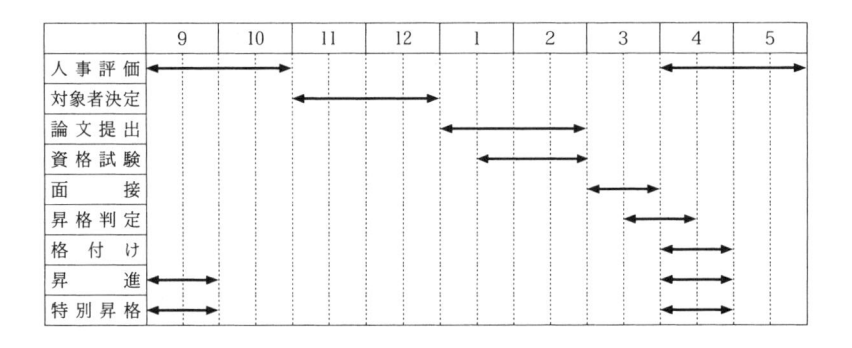

	9	10	11	12	1	2	3	4	5
人事評価	←―――――→							←―――→	
対象者決定			←―――――→						
論文提出					←―――――→				
資格試験					←―――――→				
面　　接							←→		
昇格判定							←→		
格付け								←→	
昇　　進	←→							←→	
特別昇格								←→	

昇格制度

（P株式会社　流通小売・従業員1,580名）

1．昇格の仕組み

一般職、担当職・管理職コース

　高校卒業後、入社した社員は、一般職1等級、短大卒の社員は一般職2等級、大学卒の社員は一般職3等級に格付され、その後、図表1では右方向へ進んでいきます。

　また、等級が上がることを昇格といいますが、「新人事制度の処遇体系図」（図表1）のとおり、各等級には対応する職位があり、昇進するためには昇格しなければならないことになります。

　次に昇格の要件について説明します。第一次要件とは、昇格するのに最低限度必要な条件であり、昇格するにはこれを満たした社員が、さらに第二次要件を満たすことが求められます。

　高校卒業後入社された社員を例に、具体的に昇格の仕組みを説明します。

　a．一般職1等級→一般職2等級

　　一般職1等級に格付された後、最低2年の一般職1等級での在級年数を経験し、その2年間の昇給成績がB以上であれば、一般職2等級への昇格要件を満たしたことになります。ただし、ここでも全員が一般職2等級に昇格できるとは限らず、最終的には人事部長が昇格を決定することになります。この表では、あくまでも最短の在級年数を掲載していますが、もちろん、在級年数が3年以上になっても昇格は行われます。その場合の昇格要件の基準

は、別に定めます。

b．一般職2等級→一般職3等級

　次に一般職2等級から一般職3等級への昇格要件についても、一般職1等級から一般職2等級への昇格要件と同様です。

c．般職3等級→一般職4等級

　一般職3等級から一般職4等級への昇格要件については、在級年数と人事考課以外に、教育研修と上司の推薦が必要となります。定められた教育研修を受けた後テストを実施し、それに合格した社員で、さらに上司からの推薦を受けられた社員が、第一次要件を満たしたことになります。

d．一般職4等級以上→担当職1等級

　新しい人事制度では、一般職の4等級以上から担当職1等級に昇格することができます。担当職1等級への昇格については、第一次要件を満たしたうえで、さらに、第二次要件を満たさなければなりません。ここでの第二次要件は、筆記試験と面接です。今回より、筆記試験を合格しないと面接を受けられない制度となる反面、筆記試験で一定の基準点に達した社員は、たとえ昇格できない場合でも翌年の筆記試験は免除となるライセンス方式となります。ただし、逆に2回続いて一定基準点以下の場合は、翌年受験できないというペナルティも新設されます。さらに、この等級以降、これらの要件を満たした社員の昇格を最終的に決定するのは総務本部長となります。

e．一般職4等級→一般職5等級、一般職5等級→一般職6等級

　一般職4等級からの昇格については、担当職・管理職、販売職、専門職の3コースに分かれ、いずれかを選択していただくわけですが、どのコースも希望しない社員や、どうしても昇格要件を満

昇格制度

図表1　新人事制度の処遇体系図

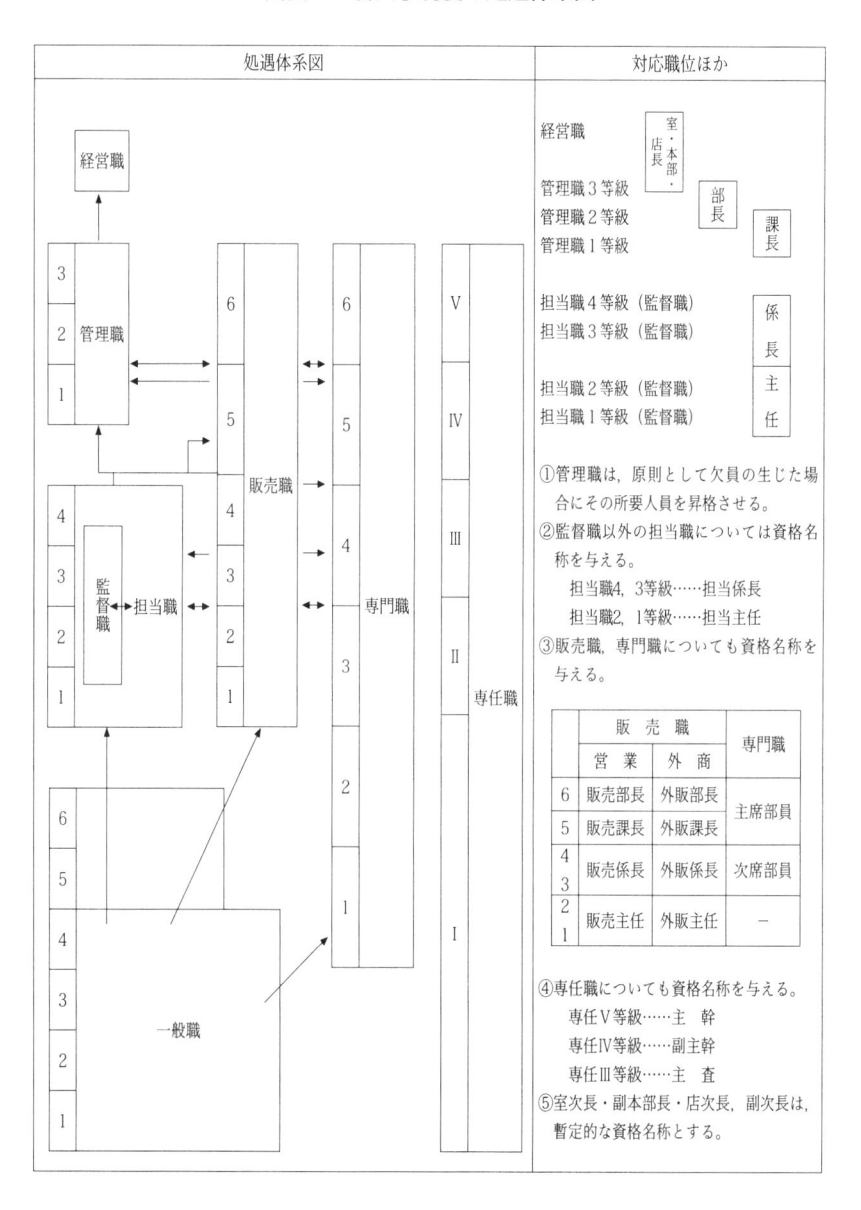

処遇体系図	対応職位ほか
（経営職／管理職3・2・1／販売職6〜1／監督職・担当職4〜1／専門職6〜1／専任職Ⅴ〜Ⅰ／一般職6〜1の階層図）	経営職　　　　　　　　室・本部・店長 管理職3等級　　　　　部長 管理職2等級　　　　　　　　課長 管理職1等級 担当職4等級（監督職）　係長 担当職3等級（監督職） 担当職2等級（監督職）　主任 担当職1等級（監督職） ①管理職は，原則として欠員の生じた場合にその所要人員を昇格させる。 ②監督職以外の担当職については資格名称を与える。 　担当職4, 3等級……担当係長 　担当職2, 1等級……担当主任 ③販売職，専門職についても資格名称を与える。

	販売職		専門職
	営業	外商	
6	販売部長	外販部長	主席部員
5	販売課長	外販課長	
4 3	販売係長	外販係長	次席部員
2 1	販売主任	外販主任	－

④専任職についても資格名称を与える。
　専任Ⅴ等級……主　幹
　専任Ⅳ等級……副主幹
　専任Ⅲ等級……主　査
⑤室次長・副本部長・店次長，副次長は，暫定的な資格名称とする。

図表2　昇格基準（一般職、担当職、管理職コース）

		一般職				担当職				管理職		
		一般職1等級→一般職2等級	一般職2等級→一般職3等級	一般職3等級→一般職4等級／一般職4等級→一般職5等級	一般職4等級以上→一般職5等級／一般職5等級→一般職6等級	担当職4等級以上→担当職1等級	担当職1等級→担当職2等級	担当職2等級→担当職3等級	担当職3等級→担当職4等級	担当職4等級／管理職1等級→管理職1等級	管理職1等級→管理職2等級	管理職2等級→管理職3等級
最短在級年数 *( )は昇格後の年齢		2年 (20)	2年 (22)	2年 (24)	10年 (34)／5年 (39)	3年 (27)	2年 (29)	2年 (31)	2年 (33)	3年 (36)	4年 (40)	3年 (43)
第一次要件	人事考課 (昇給成績)	2年間B以上	2年間B以上	2年間B以上 または 直近A以上	3年間B以上 かつ 直近A以上／5年間B以上 かつ 直近A以上／2年間A以上	3年間B以上 かつ 直近A以上	2年間B以上 かつ 直近A以上	2年間B以上 かつ 直近A以上	直近2年間A以上	3年間B以上 かつ 直近2年間A以上	4年間B以上 かつ 直近2年間A以上	3年間B以上 かつ 直近2年間A以上
	教育研修			○(終了テスト実施で合格)								
	上司の推薦			○	○	○	○	○		○	○	○
第二次要件	筆記試験 (ライセンス方式)					○(担当職としての知識等)				○(管理職としての資質)		
	面接					○				○		
	論文および レジメ (面接でのツール)							○(レジメ)		○(レジメ)	○(レジメ)	
参要考件	適性検査							○(管理職としての資質)				
決定者		人事部長				総務本部長				副社長		社長

図表3 昇格基準（販売職コース）

		一般職4等級→ 販売職1等級	販売職1等級→ 販売職2等級	販売職2等級→ 販売職3等級	販売職3等級→ 販売職4等級	販売職4等級→ 販売職5等級	販売職5等級→ 販売職6等級
	最短任級年数 （　）は昇格後の年齢	3年 (27)	2年 (29)	2年 (31)	2年 (33)	2年 (35) 担当職5等級→ 販売職5等級 3年 (36)	2年 (37) 販売職5等級→ 販売職6等級 2年 (38)
第一次要件	人事考課 （昇給成績）	3年間B以上かつ 直近A以上	直近2年間A以上	2年間B以上かつ 直近A以上	直近2年間A以上	3年間B以上かつ 直近2年間A以上	直近2年間A以上
	教育研修	○		○		○	
	上司推薦	○		○		○	○
	面接	○		○		○	
第二次要件	論文およびレジメ （面接でのツール）	○ （レジメ）		○ （レジメ）			
	決定者	総　務　本　部　長				副　社　長	

図表4 昇格基準（専門職コース）

	一般職3等級→ 専門職1等級	専門職1等級→ 専門職2等級	専門職2等級→ 専門職3等級	専門職3等級→ 専門職4等級	専門職4等級→専門職5等級／ 担当職4等級→専門職5等級	専門職5等級→専門職6等級／ 専門職5等級→専門職6等級
最短在級年数 （　）は昇格後の年齢	2年 (24)	2年 (26)	3年 (29)	3年 (32)	3年(35)／3年(36)	2年(37)／2年(38)
第一次要件：人事考課（昇格成績）	2年間B以上または直近A以上	直近2年間A以上	3年間B以上かつ直近A以上	3年間B以上かつ直近2年間A以上	3年間B以上かつ直近2年間A以上	直近2年間A以上
第一次要件：上司推薦	○	○	○	○	○	○
第二次要件：面接	○		○		○	
第二次要件：論文	○		○		○	
第二次要件：人事委員会（専門度判定）	○		○			
決定者	人事部長		総務本部長		副社長	

たすことができない社員は、一般職5等級、一般職6等級の等級を目指していただくことになります。

f．担当職1等級→担当職2等級

　これまでの説明で、述べたとおりです。

g．担当職2等級→担当職3等級

　ここでは、第二次要件の中に面接があります。面接に際しては、あらかじめ発表内容に基づいたレジメを作成していただきます。また、適性検査により、将来管理職としての適性を見極める診断が行われます。

h．担当職3等級→担当職4等級

　これまでの説明で、述べたとおりです。

i．担当職4等級→管理職1等級

　さて、ここから管理職群となります。第二次要件として、筆記試験では特に管理職としての資質に重点をおいた内容になります。ここでもライセンス方式が採用され、発表内容に即したレジメに基づいて面接が行われます。この等級以降の昇格を最終的に決定するのは、人事担当の副社長となります。

j．管理職1等級→管理職2等級

　ここでの第二次要件は、業務の革新、経営戦略等についての具体的提案をしていただくことになります。これをもとに、人事委員会（仮称）で審議され、最終的に副社長が決定します。

k．管理職2等級→管理職3等級

　ここでは、第一次要件を満たした社員の中から、社長が昇格者を決定します。

販売職1等級へは一般職4等級から、昇格できます。それぞれの内容については、一般職、担当職・管理職コースの説明の中で述べております。

　専門職コースについても表のとおりですが、特にこのコースでは専門度を判定するために人事委員会（仮称）が開催されます。

2．昇格試験等の詳細

　昇格の要件の一つに当たる試験制度は（図表5）のとおりです。

3．上司推薦

　昇格に際しては等級によっては、上司の推薦が必要となる場合があります。

4．高校卒および短大卒社員のうち、特に優秀な者の賃金について

　高校卒業後入社した社員で、一般職2等級に昇格した者のうち、特に会社が優秀と認めた者については、短大卒初任給と同額の賃金を支給します。また、この社員がさらに一般職3等級へ昇格し、特に会社が優秀と認めた場合、大学卒初任給と同額の賃金を支給します。短大卒社員についても同様とします。

5．飛び級

　本来、昇格とは1等級ずつ昇格していきますが、特に優秀な社員については、2等級特別昇格させることがあります。

6．コース選択

　コースは、担当職・管理職コース、販売職コース、専門職コースが

図表5　昇格基準（筆記試験・面接・論文等について）

1. 担当職・管理職コース

	一般職4等級以上→担当職1等級	担当職2等級→担当職3等級	担当職4等級→管理職1等級	管理職1等級→管理職2等級
筆記試験 （内容）	一般常識 教育研修内容からの出題 （マーチャンダイジング、百貨店会計など） 事例問題		販売士1級問題 時事問題（業界関連） 時事問題（経営関連） 英検2級程度問題	
（ライセンス）	・合格点以上の場合は翌年の筆記試験は免除 ・2回続いて一定基準点以下の場合は翌年の受験は不可		・合格点以上の場合は翌年の筆記試験は免除 ・2回続いて一定基準点以下の場合は翌年の受験は不可	
（選考）	・合格点未満の者は面接受験不可		・合格点未満の者は面接受験不可	
面接 （面接者）	人事部長　人事課長　教育課長 営業課長　商品課長　外商課長 経理課長	人事部長　人事課長　教育課長 営業部長　商品部長　外商部長 経理部長	取締役以上（社長を除く）	
（方法） （人数） （時間） （面接基準）	統一質問（担当職となった場合、取り組みたいこと）について質疑応答する	あらかじめ作成したレジメに基づき、自己の考えを発表し、それに対して質疑応答する	あらかじめ作成したレジメに基づき、OHP等を利用して、自己の考えを発表し、それに対して質疑応答する	
	1班当たり被面接者5名	1班当たり被面接者5名	1班当たり被面接者1名	
	1班当たり60分	1班当たり60分 （発表5分　質問7分）	1班当たり30分 （発表15分質問15分）	
	監督能力　積極性　理解力	判断力　折衝力　分析力	管理能力　経営力　企画力　分析力	
論文 （内容） （評価者） （論文基準）		昇格後取り組みたい課題についてA4、1枚のレジメに要旨をまとめる	課長としての実行目標と、目標達成のための具体的方策についてA4、1枚のレジメに要旨をまとめる	業務の革新、経営戦略等についての具体的提案をA4、10枚以内にワープロで作成する
				人事委員会（社長を除く、常務以上）
				独自性　具体性　実現性　革新性

2. 販売職コース

	一般職4等級→販売職1等級	販売職2等級→販売職3等級	販売職4等級→販売職5等級
面接 （面接者）	人事部長　人事課長　教育課長 販売課長　外販課長　営業課長 外商課長	人事部長　人事課長　教育課長 販売係長　外販課長　営業課長 外商課長	常務以上（社長を除く）
（方法）	あらかじめ作成したレジメに基づき、自己の考えを発表し、それに対して質疑応答する	あらかじめ作成したレジメに基づき、自己の考えを発表し、それに対して質疑応答する	あらかじめ作成したレジメに基づき、自己の考えを発表し、それに対して質疑応答する
（人数）	1班当たり被面接者5名	1班当たり被面接者5名	1班当たり被面接者5名
（時間）	1班当たり60分 （発表5分　質問7分）	1班当たり60分 （発表5分　質問7分）	1班当たり60分 （発表5分　質問7分）
（面接基準）	高い販売意欲　積極性　顧客管理力　情報収集力	商品提案力　情報分析力　発想力	コーディネイト力　後進への指導力　専門業務知識
論文 （内容）	独自の販売ノウハウや販売職としての今後の抱負についてA4、1枚のレジメに要旨をまとめる	これまでの個人業績と、販売係長、外販係長としての目標および目標達成のための具体策（新しい売り方等）をA4、1枚のレジメに要旨をまとめる	販売課長、外販課長としての個人業績達成目標およびその方策（利益確保を前提とする）についてA4、1枚に要旨をまとめる

3. 専門職コース

	一般職3等級→専門職1等級	専門職2等級→専門職3等級		専門職4等級→専門職5等級 担当職4等級→専門職5等級
論文 （内容）	各自の専門性をどのように活用して、部門に貢献するかを、A4、5枚以内にワープロで作成する	専門性がどれだけあがったのか、それにより部門にどのように貢献するかを、A4、5枚以内にワープロで作成する		自己の専門能力によって、室・本部・店にどれだけ貢献できるかを、A4、10枚以内にワープロで作成する
（評価者）	当該専門職主席部員	当該専門職主席部員		社外で当該専門知識を有する者
人事委員会 （専門度判定）	人事部長　教育課長 当該専門職主席部員 当該専門性の高い課長	人事部長　教育課長 当該専門職主席部員 当該専門性の高い部長	面接 （面接者）	常務以上（社長を除く）
（方法） （メンバー）	面接形式とし、論文の内容に応じた発表に対し質疑応答 面接終了後、論文評価と合わせ、合議決定する	面接形式とし、論文の内容に応じた発表に対し質疑応答 面接終了後、論文評価と合わせ、合議決定する	（方法）	予め作成した論文に基づき自己の考えを発表し、それに対して質疑応答する
（面接人数）	被面接者1名ずつの個別面談	被面接者1名ずつの個別面談	（人数）	被面接者1名ずつの個別面談
（面接時間）	1人当たり30分 （発表15分質問15分）	1人当たり30分 （発表15分質問15分）	（時間）	1人当たり30分 （発表15分質問15分）
（判定基準）	専門能力　創造力	専門性向上意欲　組織適合力　企画力	（面接基準）	高度専門性　貢献性　企画立案力

あります。「処遇体系図」（図表1）をご覧いただくと、これらのコースの関係がわかります。

まず、一般職3等級の社員は、専門職コースを選択することができます。続いて、一般職4等級になると次の等級へ進む場合、担当職・管理職コース、販売職コース、専門職コースのいずれかのコースを選択することができます。いずれのコースにも移行しない社員はそのまま一般職5等級、一般職6等級へと進むことになります。

担当職4等級では、管理職1等級へ進むか、販売職5等級へ進むか、専門職5等級へ進むかが選択できます。コース選択時の昇格基準については、図表5を参照してください。

7．コース転換

担当職・管理職コース、販売職コース、専門職コースから他のコースへ移行することをコース転換といいます。

(1) コース転換の要件
コース転換時に必要な要件は、（図表6）のとおりとなります。
(2) コース転換時の等級格付
コース転換した場合に、それぞれのコースのどの等級に格付されるかについては、（図表7）のとおりとなります。
(3) コース転換時の注意事項
a．一般職および専門職1等級からのコース転換は行いません。
b．担当職3等級または販売職3等級から専門職コースへコース転換する場合は、職務の内容とレベルを勘案して、専門職4等級または専門職3等級に格付されます。
c．専門職4等級からコース転換する場合は、職務の内容とレベルを勘案して、担当職4等級（販売職4等級）または担当職3

等級（販売職3等級）に格付されます。

d．専門職3等級からコース転換する場合は、職務の内容とレベルを勘案して、担当職3等級（販売職3等級）または担当職2等級（販売職2等級）に格付されます。

e．コース転換はおおむね3回までとします。

(4) コース転換時の給与

コース転換時の給与については、次の手順で決定されます。

a．職務給…コース転換後の職務給については移行後の等級に応じた職務給を支給します。

b．業績給…コース転換後の業績給については、移行直後は、対応する業績給「B」区分の額を支給します。

図表6　コース転換の要件

元のコース	担当職・管理職コースまたは専門職コース	担当職・管理職コースまたは販売職コース	販売職1・2・3・4等級または専門職2・3・4等級	販売職5・6等級または専門職5・6等級
転換先コース	販売職コース	専門職コース	担当職・管理職コース	担当職・管理職コース
上司の推薦	○	○	○	○
面接	○	○	○	○
論文		○		△（管理職1等級に格付される場合）
レジメ	○		△（担当職3・4等級に格付される場合）	
筆記試験			○（一般職4等級→担当職1等級）	○（担当職4等級→管理職1等級）
人事委員会（仮称）（専門度判定）		○		

図表7　コース転換時の等級格付

	担当職・管理職コース	販売職コース	専門職コース
対応等級	管理職2等級	販売職6等級	専門職6等級
	管理職1等級	販売職5等級	専門職5等級
	担当職4等級	販売職4等級	専門職4等級
	担当職3等級	販売職3等級	専門職3等級
	担当職2等級	販売職2等級	
	担当職1等級	販売職1等級	専門職2等級

　c．職能給…コース転換後の職能給（号数）については、コース転換前の基本給と転換後の基本給が同額（同額の号数がない場合は直近）となるように職能給（号数）を決定します。

8．降　格

　担当職・管理職コース、販売職コース、専門職（2等級以上）で著しく勤務成績の劣る者については降格が行われることがあります。降格審査の対象となる社員は昇給成績が3年連続「C」以下の者とします。この場合、人事委員会（仮称）で対象者を審議し決定しますが、ただし、管理職、販売職5等級以上、専門職5等級以上については人事委員会で審議のうえ社長が決定します。

9．人事委員会

　処遇を適正に行うため、（図表8）のとおり人事委員会を設置します。

昇格制度

図表8　人事委員会

（　）は事務局として出席

内容　　　　メンバー	専門度判定			降格	昇格
	一般職3等級 ↓ 専門職1等級	専門職2等級 ↓ 専門職3等級	専門職4等級 ↓ 専門職5等級 担当職4等 ↓ 専門職5等級		管理職1等級 ↓ 管理職2等級
副　　社　　長			○	○	○
専　　　　　務			○	○	○
常　　　　　務			○	○	○
総　務　本　部　長			(○)	(○)	(○)
人　　事　　部　　長	○	○	(○)	(○)	(○)
教　　育　　部　　長		○			
教　育　部　課　長	○				
当該専門職主席部員	○	○			
当該専門性の高い部長		○			
当該専門性の高い課長	○				

137

昇格管理制度

（J株式会社　小売販売・従業員820名）

公正な昇格管理は、職能資格制度を適用するキーポイントです。

「トータル人事制度」では、昇格基準の公開と明確化によりチャレンジ意欲を高め、それが組織と個人の活性化につながる昇格管理制度を目指しています。

1．昇格基準の考え方

(1)　職能資格等級制度における「昇格」

職能資格等級制度における「昇格」とは、「現在在級している資格等級の枠の中で、要求される知識、技能、責任、経験、資格などの要件を完全に満たし終ったときに、上位の等級に上がる」ことを意味しています。つまり、「資格昇進」のことをいいます。例えば、3等級から4等級へ上がる場合がこれに当たります。

これに対し、役職への昇進および役職者への昇進のことを、「昇進」といいます。

職能資格等級制度は、まさしく資格と役職を切り離すことによって、ポストへの適正人材の配置を合理的に行うとともに、個々人の期待能力（保有能力）の向上を目指すものです。

(2)　昇格の運用基準

職能資格等級制度においては、現在の能力要件を十分に満し終えたら、欠員の有無にかかわらず昇格させなければなりません。この昇格の考え方は「卒業方式」といわれるもので、「昇格」の原則的

な基準となっています。

　しかし、上位等級においては、現在の業務遂行のレベルが満足されていても、昇格させた場合にその業務を十分にこなせるかという判断の上で昇格させることが必要になります。

　したがって、昇格の運用基準については、資格等級の段階に応じて以下の3つの方法で運用するのが一般的です。

　1；卒業方式──人事考課を中心に資格要件（職能基準）を満たせば、自動的に上位の資格等級へ位置づけていくものです。
　　　　　　　　一般職掌（1～3等級）クラスを対象として行われる昇格運用基準です。

　2；入学方式──現在の資格要件を満たしているほかに、昇格する上位の資格要件を満たすことが出来るかを認定のうえ（いわば入学試験）昇格を決めるものです。
　　　　　　　　管理職層や専門職層など中堅幹部以上を対象として行われる昇格運用基準です。

　3；折衷方式──卒業方式の中における能力のレベルを考査、試験や教育訓練などによってみようとするものです。
　　　　　　　　一般職層から指導識層への昇格など初任・中堅管理者層を対象として行われる昇格運用基準です。

＊「昇格基準の考え方のモデル例」（図表1）

2．昇格制度の概要

＊「昇格要件基準および昇格要件明細」（図表2）
＊「能力開発体系図」（省略）

(1) 当社の昇格制度の特色（ポイント制）

昇格管理制度の構成に当たっては、「社員個々人の自主的自発的な能力開発」という能力開発制度の基本姿勢に則り、

〈a〉在級年数〈b〉人事考課〈c〉能力開発（研修、自己啓発）〈d〉表彰・資格取得の4つの昇格要件項目をすべてポイント（点数）に換算し、資格等級別の昇格要件点数を明示することにより、昇格基準の公開性と明確性を確保し、さらに能力開発・昇格へのチャレンジ意欲を高めることを意図しています。

(2) 昇格基準の概要

1；最短在級年数

最も早く昇格する者でも、必ず当該資格等級に在級しなければならない年数をいいます。

「昇格要件基準および昇格要件明細」にあるように1等級から9等級までに最短在級年数が設定されています。

2；標準在級年数

18歳高校新卒入社の者が標準的な人事考課（B2）と自主的な能力開発意欲を持って指導監督層までに到達する年数をモデル的に表示したものです。

3；第1次昇格要件点数

資格等級別に昇格もしくは昇格対象者となるために必要な、資格等級在級期間の累計ポイント点数をいいます。

4；在級年数ポイント

資格等級別に在級年数毎に加算されるポイントです。しかし、資格等級別に上限値が設定されています。

5；教育研修ポイント

「能力開発体系図」にあるように能力開発制度として資格等級別に各種の研修が選択できます。この研修を修了することにより加算されるポイントです。

＊自己啓発ポイントも同じものです。

6；表彰・資格ポイント

「能力開発体系図」にあるように、公的な資格取得や社内の表彰で昇格のための加算ポイントとするものです。

図表1　昇格基準の考え方のモデル

職能資格等級	処遇体系	昇格の運用基準	昇格要件
10等級	部長職	入学方式	・人事考課（実績主義） ・論文審査（事前に複数のテーマを設定し選択論述） ・役員面接
9等級	次長職	入学方式	・教育研修 ・人事考課 ・論文審査（事前に複数のテーマを設定し選択論述） ・役員面接
8等級	課長職	入学方式	・教育研修 ・自己啓発（指定講座の終了と社内考査） ・人事考課
7等級	課長職	入学方式	・教育研修 ・自己啓発（指定講座の終了と社内考査） ・人事考課 ・論文審査（事前に複数のテーマを設定し選択論述） ・面接
6等級	係長職	折衷方式	・教育研修 ・自己啓発（指定講座の終了と社内考査） ・人事考課 ・筆記考査（マニュアル・規程集・教育テキスト・用語集等から出題） ・適正検査（6等級昇格時）
5等級	主任職	折衷方式	・教育研修 ・自己啓発（指定講座の終了と社内考査） ・人事考課
4等級	主任職	折衷方式	・教育研修 ・自己啓発（指定講座の終了と社内考査） ・人事考課 ・筆記考査（マニュアル・規程集・教育テキスト・用語集等から出題）
3等級	一般職	卒業方式	・教育研修 ・自己啓発（指定講座の終了と社内考査）
2等級	一般職	卒業方式	（自動昇格が中心）
1等級	一般職	卒業方式	

図表2　昇格要件基準

			1等級→2等級	2等級→3等級	3等級→4等級	4等級→5等級
第1次昇格要件点数 （点数は昇格ごとに計算）			16点以上	16点以上	25点以上	25点以上
最短在級年数（B1基準）　年齢			2年　20歳	2年　22歳	3年　25歳	3年　28歳
標準在級年数（B2基準）　年齢			3年　21歳	3年　23歳	(5年　28歳)	(5年　33歳)
昇格要件項目		配点				
	在級年数 （必要要件）	1年に付き	2	最短在級年数＋1年までを上限とする 上限点数 3年×2＝6	最短在級年数＋1年までを上限とする 上限点数 3年×2＝6	最短在級年数＋1年までを上限とする 上限点数 4年×2＝8	最短在級年数＋1年までを上限とする 上限点数 4年×2＝8
	昇給考課 （必要要件）	A B1 B2 B3 C	7 5 3 1 0	基準点 10（B1×2） 例： A, B1＝12（2年） B1, B1＝10（2年） B1, B2, B2＝11（3年） B2, B2, B2, B2＝12（4年）	基準点 10（B1×2）	基準点 15（B1×3）	基準点 15（B1×3）
	教育研修 （社内・社外） （必要要件）	1講座修了と修了考査合格	2	基準点 2 ＊1～2講座を標準設定	基準点 2 ＊1～2講座を標準設定	基準点 4 ＊2講座以上を標準設定	基準点 4 ＊2講座以上を標準設定
	自己啓発 （加点要素）	指定講座の修了と社内考査合格	2	上限点数 2 ＊指定講座と配点設定	上限点数 2 ＊指定講座と配点設定	上限点数 2 ＊指定講座と配点設定	上限点数 2 ＊指定講座と配点設定
	表彰、資格 （加点要素）	1件	2～3	＊項目と配点設定	＊項目と配点設定	＊項目と配点設定	＊項目と配点設定
	上司の推薦						○
	考課、追加条件					＊直近考課 B1 以上	＊直近考課 B1 以上
	第2次昇格要件			なし	なし	第1次昇格要件を満たした上で筆記考査合格	なし
第二次要件	筆記考査	マニュアル、規程集、教育研修テキスト、用語集等から出題（内容共通）		なし	なし	70点以上を合格とする。	なし
	論文審査	事前に複数のテーマを設定し選択論述（社内外審査員）		なし	なし	なし	なし
	面接	審査委員会（役員、人事部長）		なし	なし	なし	なし
その他	適性検査	マネージャ職能適性専門職能適性等の判断材料		なし	なし	なし	なし

昇格管理制度

および昇格要件明細

5等級→6等級	6等級→7等級	7等級→8等級	8等級→9等級	9等級→10等級
25点以上	27点以上	34点以上	34点以上	
3年 31歳	3年 34歳	4年 38歳	4年 42歳	なし
(5年 38歳)		*昇格ストップ年齢48歳 (ただし，平成8年までは満50歳)		なし
最短在級年数＋1年までを上限とする 上限点数4年×2＝8 基準点 15（B1×3）	最短在級年数を上限とする 上限点数3年×2＝6 基準点 15（B1×3）	最短在級年数を上限とする 上限点数4年×2＝8 基準点 20（B1×4）	最短在級年数を上限とする 上限点数4年×2＝8 基準点 20（B1×4）	なし
基準点 4 *2講座以上を標準設定	基準点 4 *2講座以上を標準設定	基準点 4 *2講座以上を標準設定	基準点 4 *2講座以上を標準設定	なし
上限点数 2 *指定講座と配点設定	上限点数 2 *指定講座と配点設定	上限点数 2 *指定講座と配点設定	なし	なし
*項目と配点設定	*項目と配点設定	*項目と配点設定	なし	なし
○	○	○	○	○
*直近考課 B1 以上	*直近考課 B1 以上 *受検資格は3回まで	*直近考課 B1 以上	*直近考課 B1 2回以上連続 *受検資格は3回まで	*直近考課 B1 2回以上連続 *受検資格は3回まで
第1次昇格要件を満たした上で筆記考査合格 (70点以上)	第1次昇格要件を満たした上で *総合職 　2次試験 7点以上	なし	第1次昇格要件を満たした上で *総合職 　2次試験 8点以上	第1次昇格要件を満たした上で *総合職 　2次試験 8点以上
*70点以上で合格。	なし	なし	なし	なし
なし	*一般職はなし *総合職 　良（60点以上） 3 　優（80点以上） 4 　秀（90点以上） 5	なし	*総合職 　良（60点以上） 3 　優（80点以上） 4 　秀（90点以上） 5	*一般職はなし *総合職 　良（60点以上） 4 　優（80点以上） 5 　秀（90点以上） 6
なし	*一般職はなし *総合職 　良（60点以上） 3 　優（80点以上） 4 　秀（90点以上） 5	なし	*総合職 　良（60点以上） 3 　優（80点以上） 4 　秀（90点以上） 5	*総合職 　良（60点以上） 2 　優（80点以上） 3 　秀（90点以上） 4
6等級昇格時に適性試験を実施	なし	なし	なし	なし

7；昇格ストップ年齢

　7等級から8等級への昇格は、他の要件を満たしても満48歳を上限年齢とするものです。(ただし、移行処置として平成8年度までは満50歳を上限年齢)

8；第2次昇格要件

　第1次昇格要件であるポイント点数をクリアしたうえで昇格に必要な条件をいいます。4等級(初任指導層) 6等級(中堅管理層) 7等級(中級管理層) 9等級10等級(上級管理層)への昇格に対して筆記考査、面接、論文審査等の試験が設定されています。

昇格・昇進制度

（K株式会社　製造・従業員360名）

1．昇格のパターン

```
職務職能資格等級が、上位にランクアップすること
    例1：実務職3級　　　　　　　　→　実務職4級
    例2：実務職3級　　　　　　　　→　技能、技術・開発職4級
    例3：実務職3級　　　　　　　　→　管理職4級
    例4：技能、技術・開発職6級　　→　管理職7級
    例5：管理職8級　　　　　　　　→　技能、技術・開発職9級
```

　同一資格等級内で、昇給を何度か繰り返し、職能給表の号数をアップしていきます。やがて、〔図表1〕の「資格等級別昇格要件」を満たしますと、上位の職群、資格等級への昇格となります。

　従来の人事制度では勤続年数が増すと、給料も自然に増えていきましたが、今度の新人事制度では、いつもと同じ内容の仕事で、成績も、能力も上がらないということになりますと、昇格することができず、給与の面でも大きく格差の付くこととなります。職務職能基準表の業務のレベルを上げていかないと、給料は上がっていきません。

2．コース別複線型職務職能資格等級制度の概要

　新しい人事制度は3つのコース（①管理職群、②技能、技術・開発職群、③実務職群）による「職務職能資格等級制度」を採用しました。
　「職務職能資格等級制度」とは
　「社員一人ひとりに役割分担された業務の内容とレベル（＝職務基準）と、それをやり遂げることのできる能力の内容（＝職能基準）に

図表1　資格等級別昇格要件

資格等級	対応役職	昇格要件								
		人事考課	在級年数	教育研修	筆記試験	論文審査	面接審査	適性検査	自己啓発	推薦
10級	部長2	○	○3						△	
9	部長1，課長3	○	○3	○		○	○		△	○
8	課長2	○	○3						△	
7	課長1	○	○3	◎	◎	○	○	◎	△	○
6	係長2	○	○2	○	○				△	
5	係長1，チームリーダー2	○	○2	○	○				△	
4	主任，チームリーダー1 サブリーダー2	○	○2	◎	◎			○	△	○
3	社員3，サブリーダー1	○	○2						△	
2	社員2	○	○2	○	○				△	
1	社員1	○	○2		○				△	

(注)　1. 上記，表の記号（◎，○，△）は，その等級に昇格するのに必要な要件を示しています。
　　　　（例）　筆記試験において6等級から7等級へ昇格するのに特に，重要とみるため7等級の行に◎で表記しています。
　　　2. 記号の意味は
　　　　◎：必要要件の項目において必要であるが，この等級に昇格するのに特に重要視するものを意味しています。
　　　　○：必要要件の項目において必要とするものを意味しています。
　　　　△：必要要件の項目において必要であるが，自己管理で行うことを意味しています。
　　　3. 在級年数の数字は，その等級になるのに最短の年数を意味しています。
　　　4. 筆記試験は，資格等級に応じ内容，レベルを変えて行います。
　　　5. 面接審査は，論文審査とリンクして行います。

よって、社員を3つの職群の各資格等級に位置づけすること」です。

「職群」とは、

「知識・技能レベル、職務レベルからみて、もっとも似かよった職務の大きなくくり」を言います。

図表2のようになります。

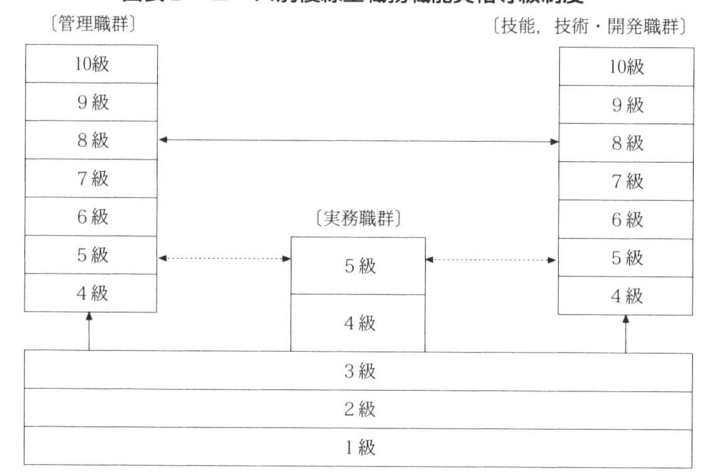

図表2　コース別複線型職務職能資格等級制度

〔管理職群〕　　　　　　　　　　　　　　〔技能，技術・開発職群〕

管理職群	実務職群	技能，技術・開発職群
10級		10級
9級		9級
8級 ←―――――――→		8級
7級		7級
6級		6級
5級 ←――→	5級	5級
4級 ↑	4級	4級 ↑

| 3級 |
| 2級 |
| 1級 |

(注) これら3つの職群は，部門別でなく人単位で管理する事を前提とします。すなわち，入社当初3級までは実務職。4級に上がる段階で役職に就く人は管理職群へ，別に定めた専門能力を有する人は，技能，技術・開発職群へ進みます。その他は実務職として5級までの昇格は可能です。〔図表2〕に示した矢印は，その職群への移動が可能であることを意味しています（点線はめったにありません）。

※新卒者は以下のように格付する。

　　　高卒までの者―――――→実務1等級

　　　短大、専門学校卒―――→実務2等級

　　　大卒、大学院―――――→実務3等級（修士修了者は
　　　（修士）修了　　　　　　　職能の号俸を変える）

　　　大学院（博士）修了――→技能、技術・開発4等級以上

〈昇格要件の内容〉

　　人事考課　　昇格するためには人事考課で前年の評価が5段階評価のB以上、当該年度の評価がA以上の人が昇格の対象となります。

在級年数	6等級までは、もっとも早い人は2年で上位等級に上がります。7等級からは、もっとも早い人は3年で上位等級に上がります。昇格要件に書いてある数字はその等級になるのに最短の年数を示しています。
教育研修	会社の指定する教育研修を受けていなければなりません。
筆記試験	一般常識、マネージメント、技術的理解度、専門知識などを調べるものです。
論文審査	7等級、9等級それぞれに上がる際に、論文を書いていただきます。論文のテーマは仕事に直結したもので、その内容により知識の幅、深さを調べます。
面接審査	論文審査と同様に7等級、9等級に上がる際に、面接審査を行います。論文や筆記試験では捉えられない部分を面接により判定します。
適性検査	4等級、7等級それぞれに上がる際に、上位等級への昇格者として妥当かどうかの判定材料として適性検査を行います。
自己啓発	自分を磨くためにどんなことをされているかを参考にします。
推　薦	4等級、7等級、9等級に上がる際は所属長などの推薦が必要となります。

3．職務職能資格等級の昇格

　昇格要件は、職務職能資格等級が上位にレベルアップした場合です。例えば、実務職群の3級のA君が実務職群の3級の資格要件を十分に満たした時、上位の4等級に上がる（昇格）ということです。

具体的には、〔図表1〕「資格等級別昇格要件」によって、昇格ができるかどうかが決まります。

4．昇進について

　組織の要請に基づいて職位（役職）が上位に変更になった場合を「昇進」といいます。新人事制度では管理職群、技能、技術・開発職群について職務職能資格等級が上位にレベルアップするのと連動して、職位（役職）が変更となります。これは組織体系上の要請として、そのポスト（役職）にもっともふさわしい人を、資格等級別昇格要件に照して選抜・選択することになります。

昇格・降格、昇進・降職の運用基準

(M生協・従業員300名)

はじめに

人事処遇制度では、人事考課・最短在級年数・教育研修・自己啓発・面接・筆記試験・論文審査などの要件に基づいて、昇格・降格、昇進・降職を運用します。

能力開発を積極的に行ない職務遂行度が高い場合は、最短年数での昇格が可能になります。しかし、逆にその等級にふさわしくない職務遂行度であると判断された場合は、降格が行なわれることとなります。

昇進・降職は、本人の適性や能力開発度合いおよびキャリア等を見ながら、適材適所の配置と個々人の育成を実現する観点で実施します。

1．昇格

(1) 昇格の定義

昇格とは、同一職群内で上位の資格等級に上がることと、上位の職群に上がることをいいます。昇格は、次の2通りあります。

①一般昇格

別紙の昇格要件基準をすべて満たした場合に行なわれます。

例）W1→W2　　W3→SC1　　SC2→M1
　　W3→E1　　など

②特別昇格

M生協の組織運営上必要と認められた場合、昇格基準を満たしていない職員でも特別に昇格させることがあります。この場合は、

常務理事会での承認により昇格します。

　　例）現在ＳＣ２の職員にＭ１の職務をさせたい場合

　当年は資格等級はＳＣ２のままとし、Ｍ１の職務を与えます。１年後Ｍ１の職務遂行能力があると認められた場合、昇格要件基準をすべて満たしていなくてもＭ１へ特別昇格することになります。

(2) 昇格の仕方

①昇格の原則

　昇格要件基準の一次要件を満たし、二次要件の必要な要件を満たし、上位等級の職務が遂行できると判断された職員。

②昇格要件基準

　ａ．一次要件
  ・人事考課の各考課で、一定期間Ａ以上の評価を受けている。
  ・最短在級年数をクリアしている。
  ・必要な教育研修を受講している。
  ・必要な通信教育を修了している。

　ｂ．二次要件
  ・必要な文献を読了している。
  ・人事部局長、役員、常務理事会の面接で合格している。
  ・筆記試験で合格点を獲得している。
  ・論文審査で合格している。

　ｃ．参考要件
  ・適性検査で合格している。

③昇格者の賃金適用

　昇格者の賃金は、昇格決定月度分から新等級の賃金を適用しま

す。

2．降格

(1) 降格の定義

　　降格とは、職務遂行能力が現等級のレベルに達していないと判断され、同一職群内での下位等級へ下がることと、下位の職群へ下がることをいいます。

　　　例）M2→M1　　M1→SC2　　SC1→W3
　　　　　E1→W3　　など

(2) 降格の仕方

①降格の基準
　・人事考課で、2年連続Dまたは3年連続C評価を受けた場合。
　・担当職務の遂行に著しい問題があった場合。
　・本人の能力不足で、下位等級に該当する職務に任用された場合。

②降格の確定
　・上記の①のいずれかに該当する場合、人事部局長または人事担当役員による面接の上、常務理事会で決定します。

③降格者の賃金適用
　・降格者の賃金は、降格決定月度分から降格等級の賃金を適用します。

④降格者の復帰
　・降格者は、降格後最初の人事考課がA以上で常務理事会で承認された場合は、元の等級へ復帰できるものとします。

⑤降格の特例措置
　・全く別の部門への異動による人事考課がDまたはCの場合につ

いては、考慮を行なうことがあります。

3．昇進

(1) 昇進の定義

昇進とは、上位の役職へ任用されることをいいます。

　　例）担当→グループリーダー

　　　　グールプ長→センター長　　課長→部長　　など

(2) 昇進の仕方

各役職の期待像に照らし、人事考課・能力・意欲・知識・技能・適性・キャリア・人間性・人格等を総合的に勘案し決定します。

条件	基準	決定
職位が空席または増設された時	・上位役職任用に相応しい人事考課をされている。 ・上位役職任用に相応しい能力・意欲・知識・技能適性・キャリア・人間性・人格を有している。	常務理事会

4．降職

(1) 降職の定義

著しく業務遂行力が低下し、その役職の遂行が困難な場合および異動・配置転換等で職位の変更があり、役職が下がる場合をいいます。

　　例）センター長→グループ長

　　　　グループリーダー→担当　　部長→課長　　など

(2) 降職の仕方

　人事部局長または人事担当役員が面接の上、常務理事会で決定します。

5．昇格のスケジュール（降格・昇進・降職は適宜行います）

（図表1）

月	10	11	12	1	2	3	4	5	6	7	8	9	10
人事考課	→						→						
対象者決定								→					
面接・筆記試験・論文審査										→			
判定												→	
決定													→

6．苦情処理

　新制度の運用上の諸問題の解決や、苦情の処理を図ることを目的として、苦情処理委員会を設置します。運用に関する事項について該当部署または個人の事情を聴取し、改善と徹底を図ります。

　委員会メンバーは別途選出します。

7．人事処遇制度の体系

(1) 昇格と降格（図表２）

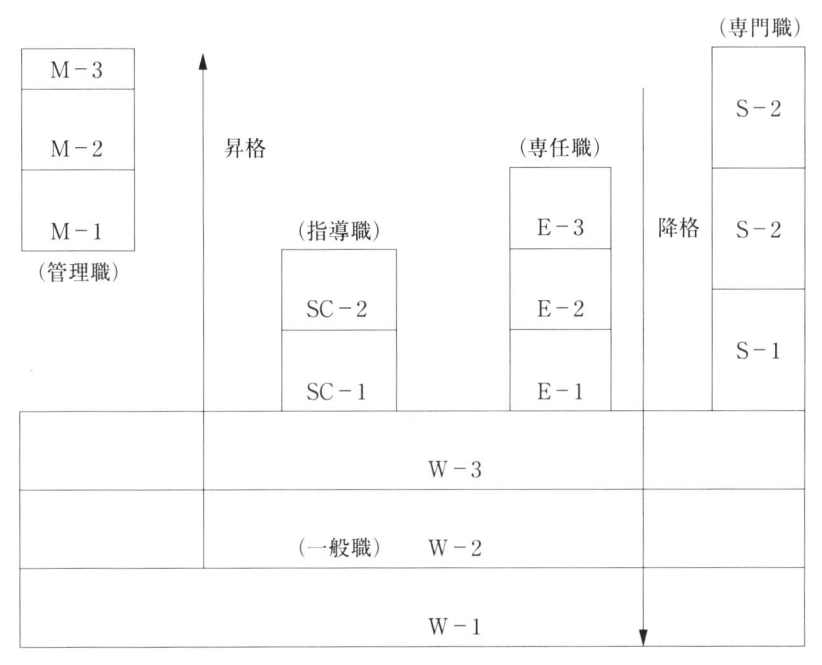

```
(管理職)                           (専任職)        (専門職)
 M-3                                               S-2
 M-2      昇格                                     
 M-1              (指導職)          E-3     降格   S-2
                   SC-2            E-2             
                   SC-1            E-1             S-1
─────────────────────────────────────────────────────
                        W-3
─────────────────────────────────────────────────────
              (一般職)    W-2
─────────────────────────────────────────────────────
                        W-1
```

(2) 昇進と降職

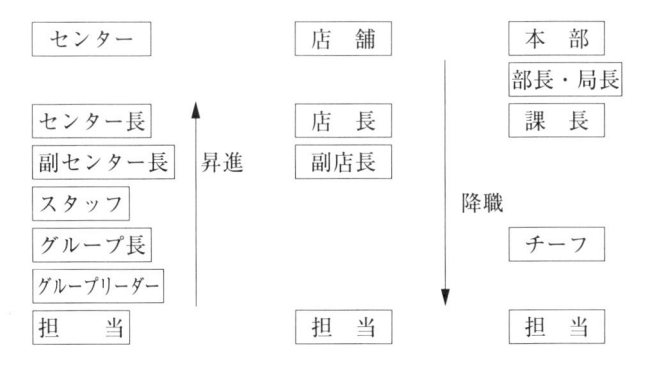

```
   センター              店 舗          本 部
                                       部長・局長
  センター長     ↑       店 長         課 長
  副センター長   昇進     副店長         
  スタッフ              ↓ 降職         
  グループ長                           チーフ
  グループリーダー                      
  担 当                 担 当          担 当
```

昇格要件基準一覧表（図表3）

	一次要件				二次要件				参考要件	
	人事考課	最短在級年数	教育研修	自己啓発1 通信教育	自己啓発2 文献など(例)	面接	筆記試験	論文審査	適性検査	その他
M2→M3	直近4年以上 A考課以上	4年	経営能力 研修修了		生協運動 生協運営資料 生協経営論	常務理事会	一般常識 日生協通信教育 管理知識 上級 経営知	あり	なし	なし
M1→M2	直近4年以上 A考課以上	4年	マネジメント・ OJT上級 研修修了		生協運動 生協運営資料 生協の経営入門	常務理事会		あり	なし	なし
SC2→M1	直近4年以上 A考課以上	4年	マネジメント・ OJT中級 研修修了		生協運動 生協運営資料	常務理事会	一般常識 日生協通信教育 管理知識 中級	あり	管理者適性	なし
SC1→SC2	直近3年以上 A考課以上	3年	マネジメント・ OJT初級 研修修了	日生協計数 管理修了	生協ハンドブック 生協運動	人事部局長	なし	あり	なし	なし
W3→SC1	直近3年以上 A考課以上	3年	マネジメント・ OJT初任 研修修了	日生協マネジメント基本修了	生協ハンドブック 生協運動	人事部局長	一般常識 日生協通信教育 管理知識基	あり	指導・監督者 適性	なし
W2→W3	直近2年以上 A考課以上	2年	能力開発制 度の必要な 研修の修了	日生協中級・ 計数初級修了	生協ハンドブック 生協運動	なし	なし	なし	なし	なし
W1→W2	直近2年以上 A考課以上	2年	能力開発制 度の必要な 研修の修了	日生協初級・ 商品知識修了	生協ハンドブック 生協運動	なし	なし	なし	なし	なし
E2→E3	直近4年以上 A考課以上	4年	能力開発制 度の必要な 研修の修了	業務の専門 性に関する ものの修了	生協運動 生協運営資料 生協の経営入門	常務理事会	一般常識 日生協通信教育 経営知識	あり	なし	技能資格等
E1→E2	直近3年以上 A考課以上	3年	能力開発制 度の必要な 研修の修了	業務の専門 性に関する ものの修了	生協運動 生協運営資料	人事担当役員		あり	なし	技能資格等
W3→E1	直近3年以上 A考課以上	3年	能力開発制 度の必要な 研修の修了	業務の専門 性に関する ものの修了	生協ハンドブック 生協運動	人事部局長	一般常識 日生協通信教育	あり	専門性適性	技能資格等
S2→S3	直近7年以上 A考課以上	7年	能力開発制 度の必要な 研修の修了	業務の専門 性に関する ものの修了	生協運動 生協運営資料 生協経営論	常務理事会	一般常識 日生協通信教育 経営知識	あり	なし	技能資格等
S1→S2	直近6年以上 A考課以上	6年	能力開発制 度の必要な 研修の修了	業務の専門 性に関する ものの修了	生協運動 生協運営資料 生協の経営入門	人事担当役員		あり	なし	技能資格等
W3→S1	直近5年以上 A考課以上	5年	能力開発制 度の必要な 研修の修了	業務の専門 性に関する ものの修了	生協ハンドブック 生協運動	人事部局長	一般常識 日生協通信教育	あり	専門性適性	技能資格等

昇格・降格制度

(Y生協・従業員750名)

1．はじめに

　現在の職能資格制度は年功処遇の修正と共に、生涯ベースの能力開発つまり人材の育成をねらいとし「職員として何ができるか＝保有能力・職務遂行能力の程度」を基準に運用してきました。この育成をねらいとする職能資格制度は職員が若くかつ生協が成長し続け、開発された能力が仕事に十分に発揮されている時はあまり問題は生じませんでした。しかし長引く不況と高齢化の中で徐々に職能資格制度の弱点が表れてきました。

　第一に人材活用の仕組みが不十分な点が挙げられます。人材の育成にはうまく機能しますが人材の適正配置という点では必ずしも十分とはいえません。

　第二に能力と仕事・賃金のミスマッチです。つまり能力が高ければどんなに低いレベルの仕事をしていても高い等級・高い賃金のままとなります。

　第三に能力と実力のミスマッチです。個々人が持っている能力と実際に仕事をする上で発揮している能力には差があります。例えば、体力や気力が衰えればいかに内部に蓄積された能力の総量が多くても現に発揮できる能力は低いものとなります。現に発揮できる能力が実力であり、年齢が高くなるほど高齢化が進むほど能力と実力のミスマッチは大きくなる傾向があります。

こうした問題を解決する為に、優れた管理・統率能力によって貢献していくコースと専門能力によって貢献していくコース、店舗や共購などで指導監督・営業能力を発揮して貢献していくコース、担当業務における実務遂行能力によって貢献していくコースを設定し、それぞれのコースの特性と職員の能力・意欲・適性に応じた人材活用・処遇を行う事により、仕事を通じての働きがい生きがいの創造と組織の活性化、そして自律的な能力開発を図り、職員の能力を最大限に活用していく事を目的として制度改革を行います。

2．複線型職務職能資格等級制度の導入

(1) 職能資格等級制度から職務・職能資格等級制度へ

　これまでの職能資格制度では、職務遂行能力の発展段階に応じて9等級に区分し運用してきましたが、その差を明確に定義する事は困難で、同じ等級の中に仕事の内容や難易度が大きく異なる者が混在している状態でした。また、職務遂行能力の保有度合いによって処遇されるため、能力と仕事・実力とのミスマッチがおこり、等級と担当する職務の価値が大きくずれる事がありました。

　こうした問題を解決するために、職能資格等級制度から職務職能資格等級制度へと改定を行います。

　職務職能資格等級制度とは、仕事の内容・大きさ・難しさ・複雑さなどといった職務の価値と職務遂行能力の両面から評価し、処遇する制度です。また、等級はコース別の職群ごとに設定し、それに対応する職種・職位・役割責任を明確にします。職員の能力と仕事の範囲・役割責任に応じたきめ細かな運用を行う事により、能力と仕事・賃金・実力とのミスマッチを解消し、公平処遇を実現します。

(2) 単線型から複線型人事管理へ

　現行制度では資格等級1～9の同じ体系の中で、すべての正規職員の昇格や賃金などの人事処遇システムを組立てていますので、その職種や役割に合わせた処遇を行う事が難しく、柔軟性に欠ける体系となっています。

　そこで、職種や役割によってコース別に昇格や賃金などの人事処遇システムを分けて組立てる事ができるように**複線型の体系**としました。

　複線化されたコースは、コース選択申告書で自分の能力が充分に発揮できるコースを自分で選択し、申告できるものとしますが、本人の希望のほか人事評価、適性評価などを考慮して決定されます。

　それぞれのコースは、その特性に応じて賃金等の処遇をきめ細かく設定して運用し、そのコースの特性に合わせて計画的・積極的な人材育成と活用を行い、働きがい生きがい、組織の活性化、公平処遇そして生産性の向上を実現しようとするものです。

(3) 職群定義

　各職群、等級ごとの区分と定義については、P161～162に記載しています。

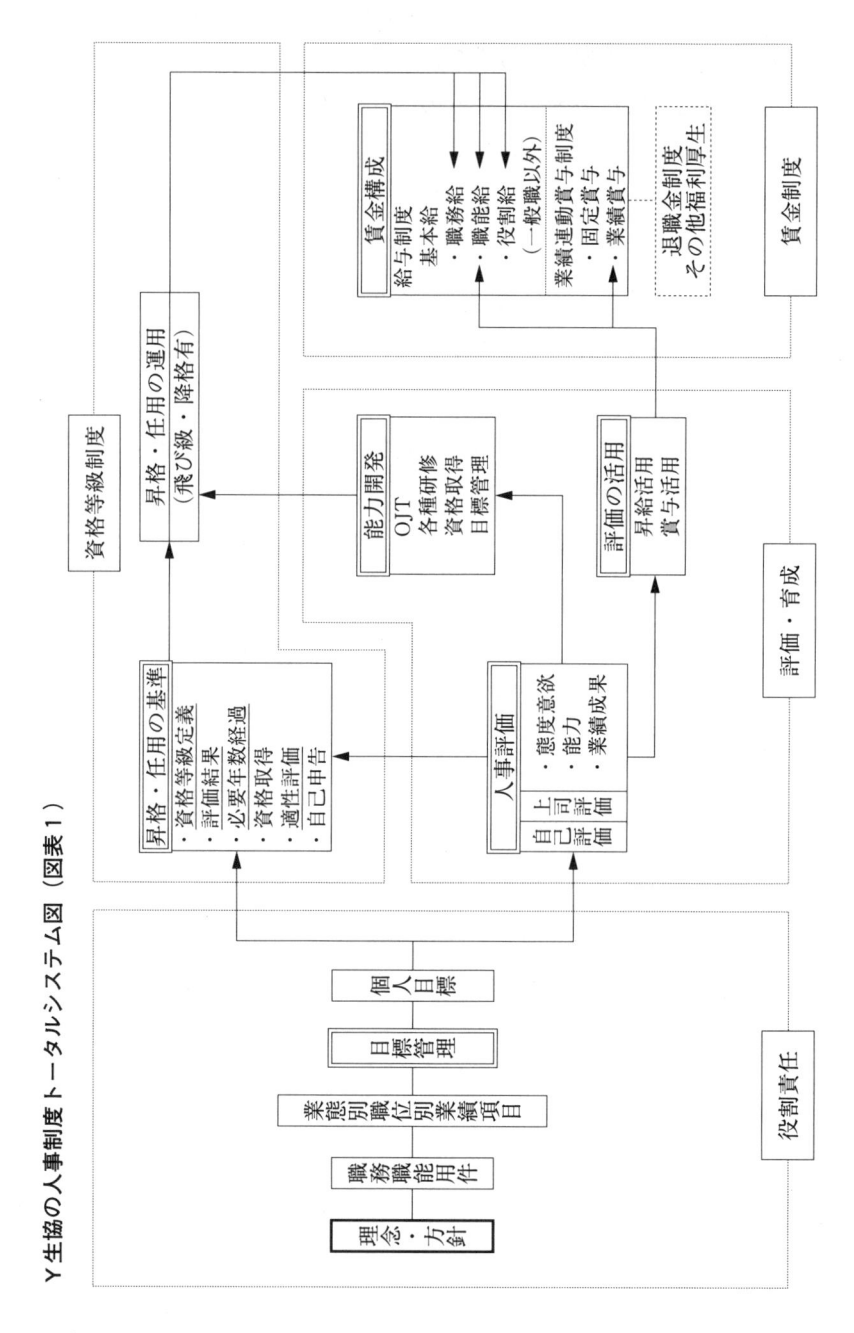

Y生協の人事制度トータルシステム図（図表1）

```
資格等級制度
├─ 昇格・任用の運用（飛び級・降格有）
│
├─ 昇格・任用の基準
│   ・資格等級定義
│   ・評価結果
│   ・必要年数経過
│   ・資格取得
│   ・適性評価
│   ・自己申告

賃金制度
├─ 賃金構成
│   給与制度
│   ・基本給
│     ・職務給
│     ・職能給
│     ・役割給
│     （一般職以外）
│   ・業績連動賞与制度
│     ・固定賞与
│     ・業績賞与
│   退職金制度
│   その他福利厚生

評価・育成
├─ 能力開発
│   ・OJT
│   ・各種研修
│   ・資格取得
│   ・目標管理
├─ 評価の活用
│   ・昇格活用
│   ・賞与活用
├─ 人事評価
│   ・態度意欲
│   ・能力
│   ・業績成果
│   上司評価／自己評価

役割責任
├─ 個人目標
├─ 目標管理
├─ 業態別・職位別・業績項目
├─ 職務職能要件
└─ 理念・方針
```

160

昇格・降格制度

新コース別複線型職務職能資格等級制度の体系図（図表２）

※専門職群の運用は当面行いません。

	業務区分	対応職位
管理職 E3	統轄管理業務	統括部長
管理職 E2	上級管理業務	CM・店長・C長
管理職 E1	指導管理業務	GM

		業務区分	対応職位
指導監督職	SK3	高度指導監督業務	チーフ
	SK2	上級指導監督業務	
	SK1	指導監督業務	リーダー

	業務区分
専門職 SS1	高度専門業務

	業務区分
専任職 S3	高度専任業務
専任職 S2	熟練専任業務
専任職 S1	専任業務

		対応職位	業務区分
一般職	J4	担当	熟練定型業務
	J3		判断定型業務
	J2		複雑定型業務
	J1		単純定型業務

職群・等級区分と定義（図表３）

	職群定義	資格等級	役割責任	能力
管理職	生協の理念・基本政策・経営方針に基づき、所管部署の方針・予算・目標を立案し、その達成に向け部下を指揮監督し業務を遂行するほか、役員の補佐役として経営に関する意見具申や課題を解決する職群	E3	生協の理念に基づき、長期的・総合的視野からの経営計画企画・立案・執行を行う。役員に対し、適切かつ経営的な補佐上申を行う。担当組織を統括し、計画執行および予算達成の責任を持つ。	広範かつ極めて高度な専門知識・技能・経験実績を有し、役員に対し直接補佐する事ができ自ら直接あたるほか組織を統括し、職務を遂行する事ができる。
		E2	生協の基本政策に基づき、長期的・総合的視野からの業務活動方針・予算の企画・立案・執行を行う。役員に対し、適切な補佐・上申を行う。担当組織を管理し、活動方針の遂行および予算達成の責任を持つ。	高度な専門知識と管理能力を発揮し、他の部との調整のもと組織を管理し、効率的に運営する事により予算を達成する事ができる。
		E1	生協の基本政策・経営方針もしくは上司からの包括的指示に沿って、精度の高い予算・業務計画の企画・立案・執行を行う。部下を監督・教育し育成を図ると共に担当組織を管理し、業務計画の遂行および責任数値達成の責任を持つ。	担当する組織を管理し、効率的に運営する事ができる。専門知識と管理能力を発揮し、部下を育成すると共に、責任数値を達成する事ができる。
専任職	特定の分野における優れた知識・技術経験のもと、調査・分析・企画・立案・実施および販促・商品管理・商品仕入・運営指導・技術指導等の高度な業務の推進及び上司補佐を行い、部門方針の遂行に貢献する職群	S3	長期的・総合的視野に基づき、生協全体に係わる専門業務を推進する。役員もしくは上級・統括管理者からの包括的な指示に沿って専門的業務の企画・調整・立案・開発・推進を行う。	特定の分野において専門的かつ極めて高度な知識・経験を有し、生協全体に係わる専門的業務を推進する事ができる。
		S2	担当する部門全体に係わる専門・専任的実務の調査・企画・立案・折衝・執行を行う。担当する部門における予算達成・計画遂行責任を持つ。	特定の分野において専門的かつ高度な実務知識経験を有し、計画を達成する事ができる。
		S1	担当する専任実務に関わる調査・企画・立案・遂行を行う。担当する業務の遂行責任を持つ。	特定の分野において高度な実務知識・経験を有し、業務を遂行する事ができる。

職群	定義	等級	職務内容	能力
指導監督職	一般職での実務経験を通じて得た十分な知識・技術・経験を有し、部下を指導監督統率して業務を遂行し、管理職の代理・代行を行う職群	SK3	事業所長の補佐役として事業所運営における意見具申・業務改善および部下の育成を行う。上司からの包括的な指示に沿って事業所の方針・目標を立案し部下を育成して目標を達成する責任を持つ	熟練した高度な知識・技能・経験と指導力を有し、部下を育成すると共に、予算を達成する事ができる。
		SK2	上司・上級者の管理統率の下、事業所の方針・目標を立案し、目標達成に向けて部下を指導・監督して業務の遂行を行い、目標達成に責任を持つ。	熟練した知識・技能・経験と指導力を有し、部下を指導・監督すると共に、責任数値を向上させる事ができる。
		SK1	上司・上級者の指揮の下、チーム・部門の目標を立案し、チームメンバーを指導・監督して業務の遂行を行い、目標達成に責任を持つ。部門・チームの長として部下の育成や業務改善を行う。	熟練した知識・技能・経験と指導力とを有し、チームメンバーを指導・監督すると共に、チームの目標を達成させる事ができる。
一般職	上司・上級者の指示のもと実務担当者として与えられた業務を遂行する職群	J4	上司の監督の下、担当する業務の遂行、調整を行う。下級者への指示・援助を行い、担当する業務の遂行責任を持つ。	実務経験を通じて得た高度な実務遂行能力を有し、担当業務全般において能力を発揮すると共に、リーダーの代行ができる。
		J3	上司または上級者の要点的指示に基づき、自らの判断で計画的に業務遂行し、下級者への指示・援助を行う。	実務経験を通じて得た実務遂行能力を有し、定型業務について調査・分析・検討・企画ができる。下級者に対し指導・援助ができる。
		J2	上司の一般的な指示に基づき、与えられた業務を正確・迅速に処理し、自律的に目標達成に向けて職務遂行する。	実務経験を通じて得た実務知識・技能を有し、やや複雑な定型業務において能力を発揮できる
		J1	上司・上級者の個別的・具体的な指示・指導のもと目標を設定し、目標達成に向けて担当する業務を正確に処理する責任を持つ。	実務担当者として経験と知識を蓄積し、軽度な判断業務が正確にできる。

(図表4)

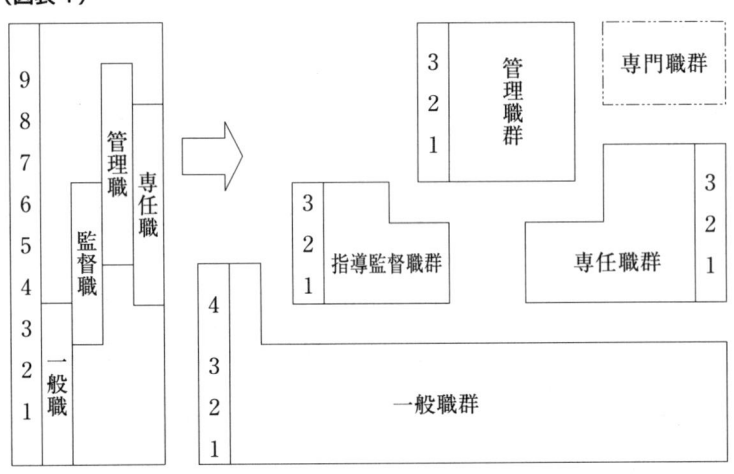

3．昇格・降格・任用の仕組み

新制度では必要在級年数・資格取得・人事評価・昇格試験などの要件に基づいて昇格や任用の運用を行います。能力開発を積極的に行い、職務の遂行度が高い場合には今まで以上のスピードで昇格が可能となり、また飛び級（等級を1つとばして昇格する事）する事もあり得ます。しかし、逆にその等級にふさわしくない職務遂行度であると判断された場合には、降格が行われるものとなります。

(1) 昇格の定義

昇格とは、上位の資格等級もしくは上位の職群に上がることをいいます。

昇格は次の4通りがあります。

a．昇格の種類

① 自動昇格

昇格等級J1・J2の者で、以下の年数を経過した場合、原則として自動的にJ2・J3への昇格を行います。

J1 ： 2年
J2 ： 2年

ただし、昇格が不適当と認められた場合〔昇格評価がD（現行での不可に相当）だった場合等〕は、特例として昇格できない事があります。

② 職群内昇格

昇格要件をすべて満たした場合に、職群ごとに設定された等級と対応する職位の範囲内で行われる昇格です。昇格は必要年数・通信教育・資格試験・人事評価・面接等を考慮して行いま

す。
  例) SK1 → SK2、 S1 → S2

昇格の基準（図表5）

等級	年数*1	通信*3	論文	試験*2	人事評価	適性*3	面接
E2→E3	3	—	—	—	常任役員会の判断により決定	—	○
E1→E2	3	—	○	—	常任役員会の判断により決定	—	○
S2→S3	3	○	—	—	年間評価と直近評価がA以上	○	○
S1→S2	3	○	—	○	年間評価と直近評価がB以上	—	○
SK2→SK3	3	○	—	—	年間評価と直近評価がA以上	○	○
SK1→SK2	3	○	—	○	年間評価と直近評価がB以上	—	○
J3→	3	○	○	—	年間評価と直近評価がB以上	○	○
J2→J3	2	—	—	—	年間評価に「D」が無い事	—	—
J1→J2	2	—	—	—	年間評価に「D」が無い事	—	—

※1 各等級に求められる能力を身に付け、職務遂行において十分に能力を発揮できるようになるには2～3年の経験が必要です。標準者で必要年数は3年とします。2期連続（1年）で昇格活用評価が「S」もしくは3期連続（1年半）で「A」以上の場合、2年で必要年数を満たすものとします。
  （J1→J2・J2→J3・SK2→SK3を除く）
 年数の起算日は毎年4月1日とします。（休職の期間は除外します）
※2 昇格に必要な通信教育や試験の詳細等は別途能力開発制度で定めます。
※3 新しい人事制度では、長期的な視野に立った生涯ベースの育成・活用・組織の活性化を目指して、複数の育成コース・活用コースからなる複線型の人事管理を行います。
 ただし、誰もが希望するコースへ進めるわけではありません。そのコースに求められる適性・能力・職歴・意志等を分析した上で、決定されるのです。この時、通常の人事評価・試験等では測ることの出来ない部分を補うものとして、人材アセスメント（適性評価）を実施します。

・初級資格取得者に対しコース決定の要件として実施します。
・管理職登用候補者に対し、管理者としての適性を判定します。
 （人材アセスメントの結果は3年間保有するものとします）

③　職群間昇格

　職群間昇格とは、上位職群内の異なる職務へ任用される事で、次の4通りがあります。
　　・一般職　　→　　指導監督職　　　・指導監督職　　→　　管理職
　　・一般職　　→　　専任職　　　　　・専任職　　　　→　　管理職

　職群内昇格の要件に加え、適性評価・自己申告・登用試験・知識・能力・技術・職歴等を総合的に考慮して判定されます。

条件	基　　準	決定
ポストが空席又は増設された時	・上位職位任用に相応しい人事評価・適正の者 ・資格試験、登用試験に合格した者 ・上位職位任用に相応しい業績を上げている者 ・上位職位任用に相応しい知識・能力・職歴を有している者	常任役員会にて決定

④　特別昇格

　生協の組織運営上必要と認められた場合、昇格基準を満たしていない者でも特別に昇格させる事があります。この場合「面接」を行い、常任役員会での承認により昇格するものとします。（一般職においては行いません）

　この時、当人の該当等級から1つ飛ばして昇格する事により結果として「飛び級」となる場合があります。

　　例）Ｓ１の者にＳ３の仕事を与えたい場合
　　　　当年は資格等級はＳ１のままとし、Ｓ３の仕事を与えます。
　　　　１年後Ｓ３の能力があると認められた場合、Ｓ３へ特別昇格する事になります。当年の賃金についてはＳ１の職能給と職務給および新たに任用された職位の役割給となります。

(2) 降格の定義

　降格とは、下位の職群・資格等級へ格付けされる事をいい、次の2つがあります。

　a．降格の種類

　　① 職群内降格

　　　職群内降格とは、同一職群内で下位の等級へ格付けされる事です。

　　　　例）　ＳＫ３　→　ＳＫ２

　　② 職群間降格

　　　職群間降格とは、下位職群の異なる職務へ任用される事です。

　b．降格の運用ルール

　　① 降格対象者の選定

　　　ⅰ．昇格評価が2期連続で「Ｄ」だった場合。

　　　ⅱ．就業規則等に照らして、重大な過失行為等が判明した場合。

　　　ⅲ．その他、任用による場合

　　　　上記ⅲにおいては、現在担当している職位・職務に対しより適している人材が他にあり、組織の人材の最大活用の為役職の交替が適切だと判断され、現在の等級に対応する適した職位・職務がなく、下位等級に該当する職位・職務への任用が適切だと判断された場合、降格となります。

　　② 降格の確定

　　　上記①のいずれかに該当する場合、人事教育ＣＭまたは管掌役員による面接の上、常任役員会での承認により確定します。

　c．降格時の処遇

　　降格した者は、翌月分から下位等級の直近下位の賃金を適用します。

(3) 人材育成を目的とした異動の特例措置

　組織の成長は、個人の成長なくして実現しないという前提に立ち、Y生協では積極的に人材育成を行います。将来を見越して必要となる人材を継続的・体系的に育成していかなければならないのです。つまり、一人ひとりの職員を計画的なジョブローテーションによって、複数の業態や職務を経験させ組織が必要とする能力・人材を常に育成するという事です。

　継続的・体系的なジョブローテーションをスムーズに進めるために、以下の特例措置を設けます。

　　ジョブローテーションによる職群間もしくは業態間の教育的配転に伴い現在よりも下位の職位へ任用された場合、異動前の資格等級を2年間保障し、賃金については役割給のみが変更される事となります。

　この特例措置は、常任役員会での決定により適用され、本人に通知されます。

(4) 任用の定義

　任用とは原則として異なる職種・職位へ配転される事です。

　任用は、本人の適性や能力開発度合い及び職歴等をみながら、あくまで個々人の育成と適材適所の配置を実現する観点で実施します。

　　　　例）　　　→　バイヤー

　職群間の異動を伴う場合の対応等級は原則として次の通りとします。

　　　　　　　ＳＫ３　←→　Ｓ３
　　　　　　　ＳＫ２　←→　Ｓ２
　　　Ｊ４　←→　ＳＫ１　←→　Ｓ１

任用は適性評価・自己申告・能力・人事評価・職歴等を考慮して行います。

(5) 申告・選択制度の基本的考え方（図表６）

新しい資格制度では適性配置による生産性の向上と働きがいやりがいを実現するために、申告・選択制度の導入を行います。これは自分の能力が十分に発揮できるコースを自分で選択し、申告できるというものです。

	内容	実施時期
自己申告	本人が上司や生協に、個人の意思・情報を発信できる機会とします。 申告内容は職務と適性に関する事項、身上に関する事項とします。	年１回、10月の面接前に記入
上司の所見	本人の自己申告に対する所見・適性・育成方向などを報告してもらい、人材育成・適性配置等に活かします。 報告内容は職務遂行力に関する事項、職務適性に関する事項、育成計画等とします。	年１回、10月の面接後に記入
コース選択	初級資格取得時に、自分のやりたい仕事や将来進みたい方向について発信できる機会とします。 内容は希望コースとその理由、その為の自己啓発状況等とします。	Ｊ３からの昇格対象者のみ面接試験前にコース選択申告書（資料①）を記入

４．教育体系との関係

現在、昇格と資格取得制度を連動させて運用していますが、新等級制度と資格取得制度との関係は次の通りとなります。

(1) 資格取得

現行ではリーダー資格・チーフ資格・マネジャー資格の３資格としていますが、新制度では初級資格・中級資格の２資格とします。

リーダー資格と初級資格、チーフ資格と中級資格とがそれぞれ対応します。マネジャー資格は廃止となります。

(2) 資格取得試験

　現行のリーダー資格取得試験が初級資格取得試験、チーフ資格取得試験が中級資格試験となります。試験の内容は別途、教育案内で設定します。

　マネジャー資格取得試験は廃止し、新たに管理職登用試験を実施します。

(3) 試験の流れ（図表7）

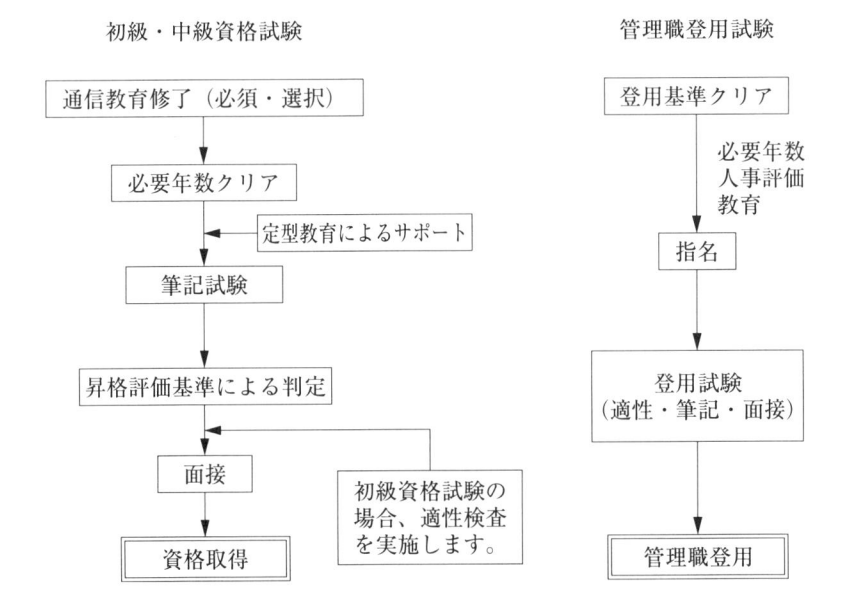

初級・中級資格試験

```
通信教育修了（必須・選択）
        ↓
    必要年数クリア
        ↑←定型教育によるサポート
    筆記試験
        ↓
昇格評価基準による判定
        ↓
      面接　　　　　初級資格試験の
        ↓　　　　　場合、適性検査
    資格取得　　　　を実施します。
```

管理職登用試験

```
  登用基準クリア
        ↓  必要年数
           人事評価
           教育
      指名
        ↓
    登用試験
 （適性・筆記・面接）
        ↓
    管理職登用
```

(4) 試験と昇格の体系（図表8）

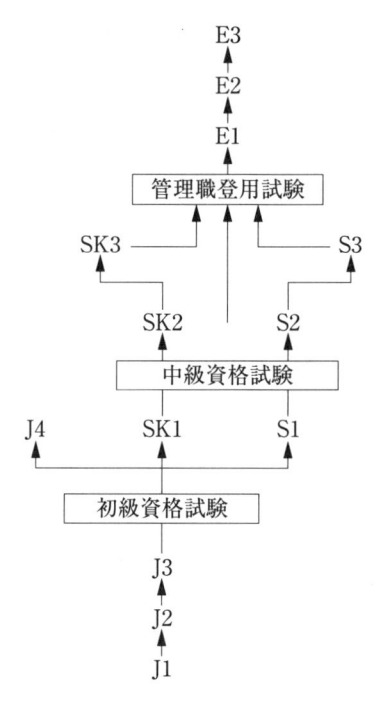

```
                    E3
                    ↑
                    E2
                    ↑
                    E1
                    ↑
            ┌───────────────┐
            │  管理職登用試験  │
            └───────────────┘
             ↑      ↑      ↑
          SK3─┘     │      └─S3
           ↑        │        ↑
          SK2       │        S2
            ┌───────────────┐
            │   中級資格試験  │
            └───────────────┘
         ↑    ↑       ↑
         J4  SK1      S1
              ↑
            ┌───────────────┐
            │   初級資格試験  │
            └───────────────┘
                    ↑
                    J3
                    ↑
                    J2
                    ↑
                    J1
```

(5) 資格の取扱い

① 特別昇格した場合

特別昇格した者は、筆記試験合格で資格取得とします。

② 降格した場合

a．昇格評価が2期連続「D」でSK1・S1・J4もしくはJ3へ降格した場合、資格を失います。ただし、次期昇格時には筆記試験は免除になります。

b．下位等級に該当する職務に任用された場合、取得した資格は保有したままとします。

5．能力と開発との関係

　新しい制度では、職群によるコース分けをしていますから職務の内容や必要な能力・適性も当然違ってきます。コースの選択は能力・適性・人事評価によって決定されますので、自分の目指すコースに必要な能力開発を自己責任において自律的・計画的・積極的に行う事が求められます。

　能力開発制度では、必要な能力をできるだけ具体的にした上で、自己啓発やＯＪＴによって職員一人ひとりが自己の能力を向上させ、より重要な仕事をまかされ、やりがいや働きがいを感じる事ができるように、人事制度と教育をより強く結び付け、体系化していきます。

6．苦情処理

　新制度の運用上の諸問題の解決や、苦情の処理を図る事を目的として、苦情処理委員会を設置します。運用に関する事項について当該部署もしくは個人の事情を聴取し改善と徹底を図ります。

　委員会メンバーは別途選出します。

パートナー社員処遇制度

(F株式会社　小売販売・従業員(パートのみ) 2,500名)

1．パートナー社員人事制度のあらまし

　現在のパートナー社員人事制度は1994年に施行され、今に至っておりますが、当社を取り巻くさまざまな環境は、近年急速に変化をし、その速度も更に増しています。そのため、現在の人事制度では将来のＦ社に相応できないため、また本年会社設立50周年を迎えることもあり、パートナー社員人事制度を改定することになりました。パートナー社員比率は今や50％を超え、Ｆ社躍進の戦力となっています。人事制度を改定することでパートナー社員の戦力化、一層の定着化への期待とともに、全従業員に対するモラール（やる気・意欲）の向上、組織の活性化を実現したいと考えます。

2．パートナー社員人事制度の改定

(1)　改定理由
　　Ａ．「職務賃金体系」をより明確にする。
　　Ｂ．作業レベルとその遂行度によって賃金決定する。
　　Ｃ．能力の活用と処遇の一致。

3．新人事制度の内容

(1)　パートナー社員資格等級
　　　パートナー社員の方々に担当していただいている仕事は、その難易度、判断度、複雑さが職務によって異なります。従って処遇

基準を「職務等級制度」においていますが、この職務等級制度を社員と同様、複線型としました。

資格等級はP－1からP－4までと、PL－1からPL－3までの7ランクです。

(2) 等級と職掌との関係（図表1）

呼称		職掌
PL－3	パートナー社員・リーダー3等級	管理職・管理補佐職
PL－2	パートナー社員・リーダー2等級	指導・判断・実務熟練・監督職・管理職
PL－1	パートナー社員・リーダー1等級	指導援助・判断・熟練職
P－4	パートナー社員　4等級	
P－3	パートナー社員　3等級	経験的定型熟練職
P－2	パートナー社員　2等級	定型一般職
P－1	パートナー社員　1等級	定型補助職

A．パートナー社員P－4等級から複線型を導入

B．PL－1以上は通勤可能店舗への異動可能が条件

C．PL－2からは管理職・監督職として、店・部署の管理（補佐）ができるものとする。

(3) 移行時の格付け（図表2）

現等級	移行等級	備考
P1～P3	P－1等級～P－3等級	現状時間給との差異は調整手当にて賃金改定時まで支給
P4等級	P－4等級～PL－1等級	現状時間給との差異は調整手当にて次回賃金改定時まで支給
P5等級	PL－1等級～PL－3等級	現状時間給との差異は調整手当にて次回賃金改定時まで支給

(4) 資格等級格付け（図表3）

```
P-1等級……入社時は全員ここに格付け                      勤務時間Ⅰ・Ⅱ
P-2等級……P-1等級で1年以上の在級者で、人事考課A以上、   勤務時間Ⅰ・Ⅱ
P-3等級……P-2等級で1年以上の在級者で、人事考課A以上、   勤務時間Ⅰ・Ⅱ
P-4等級……P-3等級で2年以上の在級者で人事考課A・B以上、勤務時間6時間以上
PL-1等級…P-3等級で2年以上の在級者で人事考課A・A以上、勤務時間6.5時間以上
PL-2等級…L-1等級で2年以上の在級者で人事考課A・A以上、勤務時間7時間以上
PL-3等級…P-2等級で2年以上の在級者で人事考課S・A以上、勤務時間7.5時間
```

勤務時間Ⅰ：週休3日で平均4時間、週休2日で3.5時間
勤務時間Ⅱ：週休2日で平均6時間以上

(5) 勤務形態

　　パートナー社員の契約時間は週単位契約とする。（下記A・B参照）

　A．週20時間未満（週休2日・3日、1日平均4時間未満）
　　(a) 出社退社時間については固定化せず所属部署の週間稼動計画により変化する。
　　(b) 勤務時間は平均が4時間未満（週20時間未満）になるよう稼動計画する。
　B．週30時間〜37.5時間（週休2日、1日平均6時間〜7.5時間）
　　　　　　　　　　　　（週休3日、1日平均7.5時間）
　　(a) 基本的に出社退社時間は固定化し、稼動計画を立てる。
　　(b) 所属部署の週間稼動計画により変化する場合もある。

(6) 雇用契約

　A．雇用契約は週単位の時間契約とする。
　B．勤務時間は稼動計画の最も早い時間から遅い時間までの間で平均労働時間として契約する。

C．有給休暇の取得については平均労働時間を使用する。

　　※平均労働時間＝週契約時間÷（7日－週公休数）

D．1日の実動時間が8時間を超えた場合は法定通りの割増賃金を支払う。

E．雇用契約期間

　(a)　P－1等級～PL－1等級

　　　上期：4月11日～10月10日の6ヶ月

　　　下期：10月11日～4月10日の6ヶ月

　(b)　PL－2・PL－3等級

　　　4月11日～4月10日の1年間

(7)　職務基準表（図表4）

呼　称	職　務　基　準
PL－3	自分の所属する部署（店）において、計画・判断・折衝をともなう定型もしくは非定型業務、必要により、部署（店）・部門を指導・監督・管理できる。
PL－2	自分の担当する業務（仕事）について、専門知識・技術・経験を有し、下位等級者を指導・監督することが出来る。
PL－1 P－4	自分の担当する業務（仕事）について、必要な実務知識と技能を有し、日常の業務においては、指示されなくても自ら段取りできる。監督者又は候補者としての要件を有し、新人に指導ができる。
P－3	標準的な実務知識と技能を有し、一般的な指示や一定の処理基準にもとづき判断業務ができる。
P－2	基礎的な実務知識と技能を有し、指示事項については、一定の処理基準にもとづき判断業務ができる。
P－1	補助的な定型業務で、特別の知識・経験を有しない。

A．今回の制度での変更点

　(a)　新規採用時は、P－1等級3号俸とする。

　(b)　翌年度より、人事考課により各号俸に洗い替を実施する。

(c) パートナー社員P-4等級から複線型とする。

最高等級P-4等級までと、基準にもとづきリーダー等級のコースに分ける。

(d) P-4からPL-1等級への移行要件をみたし、所属長推薦にて管理部長が審査し、昇格委員会にて決定する。

ア．要件

人事考課2年連続A／A、契約時間6時間30分以上、通勤可能店舗への人事異動が可能な者

上記の要件を満たした場合昇格試験の受験ができます。

(e) PL-1等級までの飛び級制度を導入する。

ア．新規採用から一年以上経過し、国家資格等や前職の経験が当社にとって有為と認められる者を対象とする。

イ．飛び級要件

人事考課要件、本人希望、所属長推薦、昇格試験合格者、管理部長が承認する。

ウ．推薦基準

＊上司の援助を受けなくても十分業務を遂行できる。

＊特殊技能や実績が高く評価できる。

＊能力・技能・知識が特に優れている。

＊専門的技術・技能を有し、会社が必要と認めた場合。

エ．格付け後契約時間変更等により、要件を満たさなくなった場合、下位等級へ降級となる。

(8) 等級別資格要件と該当する職位（図表5）

等級		資格要件	該当する職位
PL-3	仕事	業務計画、一定範囲の業務を指導・管理・監督できる。	管理職 店長 マネジャー
	能力	上司に対して所管業務に関し、問題点や改善点について適切に上申できる。 高い専門知識・技術・経験を有し、企画・応用力を発揮できる。	
	意欲・態度	責任感、やる気、モラールが非常に良く、仕事に対して前向きである。出勤率100% 契約時間7.5時間（週休2日）	
PL-2	仕事	計画・判断・折衝を伴う定型業務。必要により部門を指導・監督できる。 （主体は判断・熟練・監督業務）	管理監督職 店長 管理補佐職 次長 アシスタントマネジャー チーフ 技術職
	能力	マネジメント職を補佐できる。かなり高い実務専門知識・技術・技能・経験を有していること。指示を受け業務を正確かつ迅速に遂行できる	
	意欲・態度	やる気や努力の度合い、責任感が非常に強い。出勤率99%以上、契約時間7時間以上	
PL-1 P-4	仕事	計画・判断・折衝を伴う定型もしくは、非定型業務。 （主力は判断・熟練業務）	補佐職 チーフ 技術職
	能力	チーフ以上の者を補佐しうる。かなり高い知識・技能・熟練を要していること。指示を受け業務を正確かつ迅速に遂行できる。	
	意欲・態度	やる気の度合い責任感が非常に強い。 出勤率98%以上、契約時間PL-1等級6.5時間以上、P-4等級6時間以上	
P-3	仕事	理解・判断を伴う定型もしくは非定型業務 （主体は定型・熟練業務）	一般職
	能力	知識・技能・熟練を要していること。指示を受け業務を正確かつ迅速に処理できること。	
	意欲・態度	やる気や努力の度合い、責任感が強い 出勤率97%以上・契約時間Ⅰ：Ⅱ	
P-2	仕事	理解を伴う一般定型業務	一般職
	能力	ある程度の知識・技能を有している。指示を受け迅速に処理できる。	
	意欲・態度	服務規律を守り、ルーズさの無い事やる気も十分にある。出勤率96%以上 契約時間Ⅰ：Ⅱ	
P-1	仕事	理解を伴う一般的定型・補佐業務	一般職
	能力	新規採用時はここに格付。決められた業務・作業量をテキパキと処理できる。	
	意欲・態度	服務規律を守りルーズさの無い事 契約時間Ⅰ：Ⅱ	

※契約時間Ⅰ：平均週休3日で4時間、週休2日で3.5時間
※契約時間Ⅱ：週休2日6時間以上

(a) 昇級した時は、各人の現在の時給に最も近い上位号数の時給とする。
(b) 降級した時は、各人の評価後時給の下位号俸で最も近い時給とする。
(c) 号俸は人事考課による完全洗い替方式とする。

(9) 昇格・降格基準

A．昇格基準（図表6）

等　　級	昇　格　基　準
パートナー社員リーダー3等級	PL-2等級に2年以上在級者で、直近2年の人事考課がS・A以上の人とし、パートナー社員PL-3等級の職位に該当する人で審査合格者。勤務時間7.5時間の人
パートナー社員リーダー2等級	PL-1等級に2年以上在級者で、直近2年の人事考課がA・A以上の人とし、PL-2等級の職位に該当する人で審査合格者。勤務時間7時間以上の人
パートナー社員リーダー1等級 パートナー社員4等級	パートナー社員3・4等級に2年以上の在級者で直近人事考課がA・A以上の人としPL-1等級の職位に該当する人で審査合格者。勤務時間6.5時間以上の人 パートナー社員3等級に2年以上の在級者で直近人事考課がA・B以上の人4等級の職位に該当する人勤務時間6時間以上
パートナー社員3等級	パートナー社員2等級に一年以上在級者で直近人事考課がA以上の人で3等級の職位に該当する人で、勤務時間週休3日4時間、週休2日3.5時間：6時間以上
パートナー社員2等級	パートナー社員1等級に1年以上の在級者で直近人事考課がA以上の人で2等級の職位該当する人で、勤務時間週休3日4時間、週休2日3.5時間：6時間以上
パートナー社員1等級	新規採用時の格付け、勤務時間3.5時間、4時間：6時間以上

(a) P-3等級からの昇格者でPL-1等級・P-4等級のコース分けは、本人の希望にもとづき人事考課によって決定

する。

(b) ＰＬ－１等級：人事考課Ａ・Ａ以上が対象。（図表７）

等級	最短在籍期間	人事考課	試験	出勤率	推薦	審査	決済	契約時間
ＰＬ－３	2	S・A	有	100%	部長	委員長	副社長	7.5時間
ＰＬ－２								7時間以上
ＰＬ－１	2	A・A	有	99%	所属長	部長	管理部長	6.5時間以上
Ｐ－４								6.0時間以上
Ｐ－３	2	A・A / A・B	有 —	98%	所属長	部長	管理部長	
Ｐ－２	1	A		97%			部長	週休2日3.5時間・6時間以上
Ｐ－１	1	A		96%			部長	週休3日4時間

(a) ＰＬ－１等級以上は通勤可能店舗へ人事異動の可能が条件

試験内容　《参考》　99年度実施分　（例：ＰＬ・１）

＊販売士３級全般・就業規則　　　　60分

商工会議所主催、販売士３級の取得者は「販売士３級」試験のみ免除する。

＊用語集　　　　　　　　　　　　　20分

＊小論文（例）　　　　　　　　　　50分

テーマ１

あなたが所属する部門又は担当業務のなかで、業績確保（売上・荒利益・人時生産性・ロス等）、又は業務遂行上での問題点と解決策について具体的に提案して下さい。

テーマ２

あなたが所属する部門又は担当業務、又は会社に対し無駄な経費と思われるものと、それらに対する改善提案を具体

的に述べて下さい。

テーマ3
あなたがリーダー等級に昇格（上位等級）した場合、業務をどのように推進するか具体的に述べて下さい。

※小論文テーマは、会社の重要課題の変化に基づき変更する事がある。

枚数は2枚以上4枚以内、指定枚数オーバーや不足・誤字脱字がある場合は減点する。小論文試験には国語辞典の持ち込みを可とする。

B．降格基準

人事考課が次の場合は下位等級へ降格とする。

(a) PL-1からPL-3等級の場合

　(ア) 直近2年の人事考課がD・Dまたは、直近3年の人事考課がD・C・Dの場合。

　(イ) PL-2・3等級は、翌年度に標準評価以上を取った場合は元の等級へ復帰させる。

　(ウ) PL-1等級からの降格はP-3等級とする。

(b) P-1からP-4の場合

　(ア) 直近の人事考課がD・Dまたは、直近3年の人事考課がD・C・Dの場合。

(c) 降格時の時給は、各人の評価後時給の下位号俸で最も近い時給とする。

4．退職金

(1) パートナー社員P-1等級からP-4等級者は、退職金制度は

なし。

(2) パートナー社員ＰＬ－１・２等級者は、次の算出方法により退職金を支給する。

　Ａ．退職金の上限をＰＬ－１は10万円、ＰＬ－２は20万とする。

　Ｂ．算出方法：単価（20,000円）×ＰＬ－１・２等級在籍期間（一年未満は切り捨て）

(3) パートナー社員ＰＬ－３等級者は、次の算出方法により退職金を支給する。

　Ａ．退職金の上限を50万円とする。

　Ｂ．算出方法：単価（30,000円）ＰＬ－３等級在籍期間（一年未満切り捨て）

　　（ＰＬ－１・２等級在級年数×20,000円＋ＰＬ－３等級在級年数×30,000円で上限50万円）

(4) 移行時の特例

　Ａ．現Ｐ－５等級のＰ社員の退職金は移行時までの分は保障し、退職時に支給する。

　Ｂ．ＰＬ－１・２等級昇格時には、合算とする。

9．定年退職

(1) パートナー社員の定年を60歳とする。ただし、会社が必要と認めた場合、雇用身分をアルバイトに再雇用する事がある。

10．社員への雇用形態変更制度

(1) パートナー社員ＰＬ－３等級に３年以上在籍した者で、次の条

件を満たす人で、本人が希望する場合は、社員に雇用形態を変更する。なお、変更時の等級は、本人の職務遂行能力に合わせた等級に格付する。

　A．部・室長の推薦を受けた人
　B．試験合格者で、委員会にて承認された人
　C．年齢が45歳未満の人

11. その他

この制度に定めのない事項についてはパートナー社員就業規則を適用する。

12. 実施時期と改訂時期

(1) この制度は平成〇年〇月〇日より実施する。
(2) 会社が必要とした場合は、随時改訂を行う。

昇格・昇進基準と運用

(株式会社H　サービス・従業員500名)

1．昇格基準の考え方と「昇進」の区分

① 「昇格」の考え方と「昇進」の区分

　　公正な昇格管理は、職務職能等級制度を運用するキーワードです。

　　当社の「トータル人事処遇システム」では、昇格基準の公開と明確化により、チャレンジ意欲を高め、それが組織と個人の活性化につながる昇格管理制度を目指しています。

　　職務・職能等級制度における「昇格」とは、「現在在級している資格等級の枠の中で、要求される知識、技能、責任、経験、公的資格などの要件を完全に満たし終わったときに、上位の等級に上がる。」ことを意味しています。つまり、「資格昇進」のことを言います。たとえば、宿泊職掌3等級からマネジメント職掌1等級へ上がる場合がこれにあたります。

　　これに対し、役職への昇進および役職者への昇進のことを「昇進（任用）」といいます。

　　職務・職能等級制度は、まさしく資格と役職を切り離すことによって、ポストへの適正人材の配置を合理的に行うとともに、社員一人ひとりの会社への貢献期待能力の向上を目指すものです。

② 昇格の運用基準

　　職務・職能等級制度においては、現在の期待し要求する昇格条件を十分に満たし終えたら、欠員の有無にかかわらず昇格させること

になります。この昇格の考え方は、たとえば宿泊職掌や販売職掌、料飲職掌などの下位等級にあっては、「卒業方式」、これらの上位等級やマネジメント職掌、営業職掌にあっては、「入学方式」を採用します。これが「昇格」の原則的な基準です。

しかし、上位の職掌等級においては、現在の業務遂行レベルが満足されていても、昇格させた場合にその業務を十分にこなせるかという判断の上で昇格させることが、特に必要になります。

したがって、昇格の運用基準については、職掌・資格等級の段階に応じて、以下の2つの方法で運用することにします。

(イ) 卒業方式 － 人事考課を中心に昇格のための資格要件（職能基準）を満たせば、上位の資格等級へ位置づけてゆくものです。たとえば、宿泊職掌の1等級から3等級クラスを対象として行われる昇格運用基準です。

(ロ) 入学方式 － 現在の昇格要件を満たしているほかに、昇格する上位の資格要件を満たすことができるかどうかを認定の上（いわば入学試験）、昇格を決めるものです。マネジメント職掌、営業職掌や宿泊職掌3等級からマネジメント職掌1等級へ、販売職掌4等級、事務技術・作業職掌4等級からマネジメント職掌1等級へと中堅幹部以上を対象として行われる昇格運用基準です。

これが、昇格条件を満たし終えたときの昇格ルールで、「一般昇格」と名付けますが、このルールよりももっと優秀な社員が存在した場合は、最短在級年数を繰り上げ短縮して、昇格させる「特別昇

格」もあります。

＜昇格条件＞
　各コース職掌別昇格条件は、次の条件の組み合わせによって実施します。ただし、この図表1、2、3は、もっとも早く昇格していった場合の一般昇格のルールですから、通常はこれより多少遅れて昇格するということになります。

　　(イ)　最短在級年数　――　もっとも早く昇格する人でも、必ず当該資格等級に在級しなければならない年数をいいます。

　　(ロ)　昇格考課　――　昇格直前から数えて、2年〜3年間の「昇格考課」を使用します。昇格考課は、各々の職掌によって多少の違いはありますが、最短者は少なくともA考課以上とします。

　　(ハ)　業務改善論文　――　上位等級者には、会社方針、経営計画や自部門の方針・計画とのからみで、解決しなければならない重点業務や重点課題に対しての改善論文を提出してもらい、審査に合格してもらうことにします。

　　(ニ)　一般常識試験　――　下位等級、中間クラスには、業務に関する一般常識や地域観光情報、業界情報についてのペーパーテストを行います。

　　(ホ)　役員面接　――　各職掌の上位等級者として、あるいはマネジメント職掌への昇格者として適任かどうかを判定する一つの見方・適正把握のために、役員面接を行います。

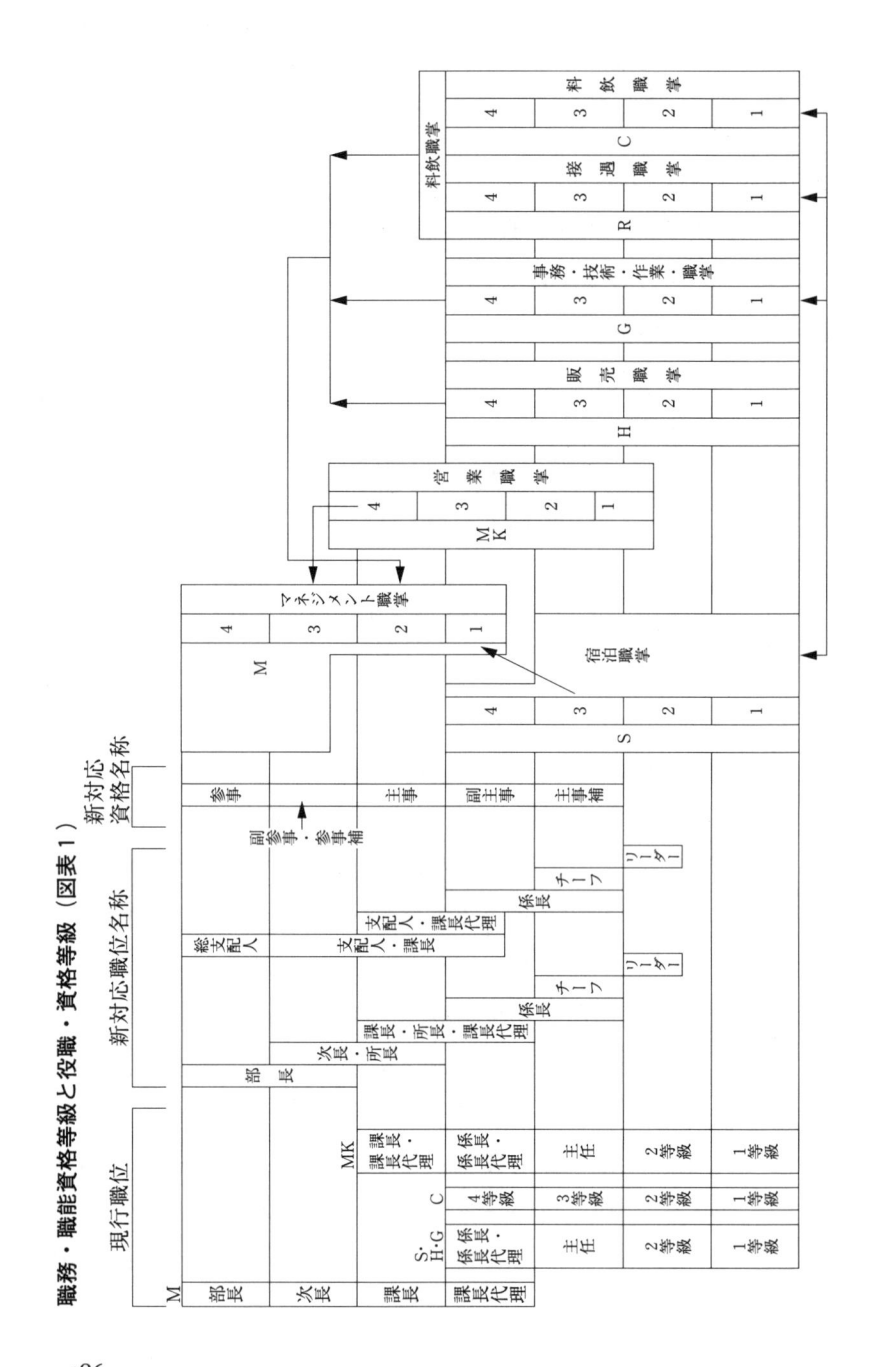

職務・職能資格等級と役職・資格等級（図表1）

昇格・昇進基準と運用

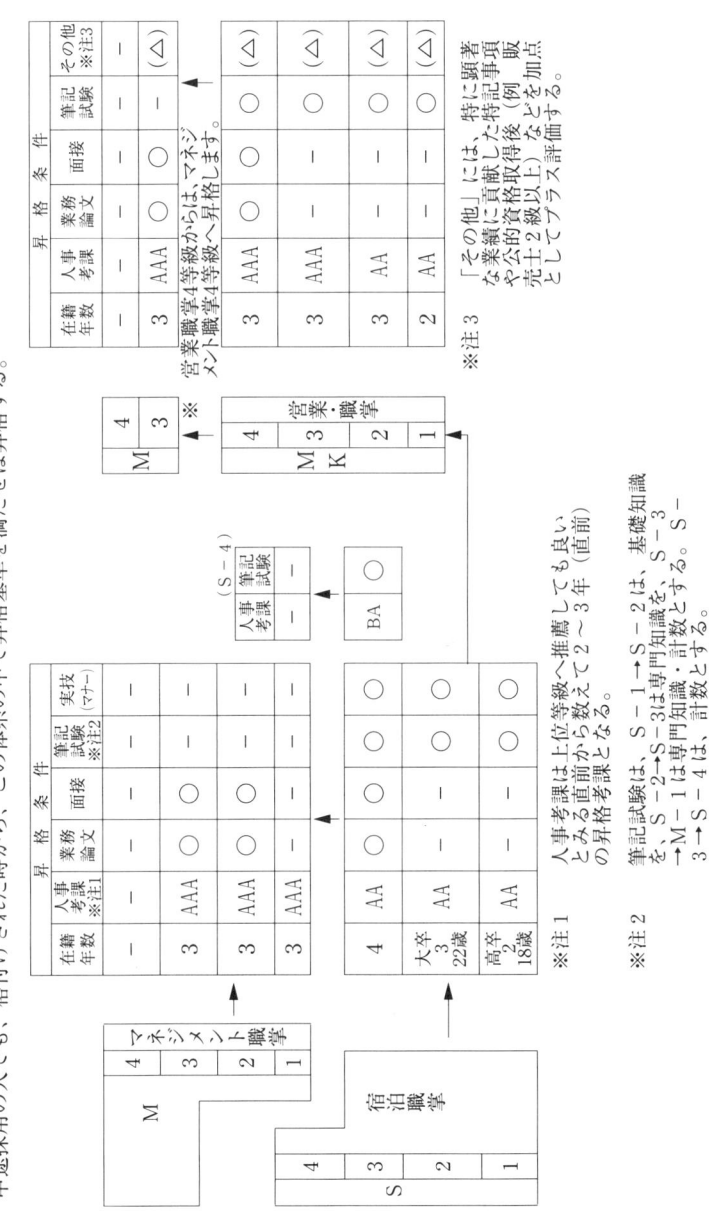

図表2　最短昇格基準　（M・S・MK）

最短昇格基準とは、正規に入社した人がもっとも早く昇格の階段を上がっていった時の、昇格をクリアーする条件のことをいう。中途採用の人でも、格付けされた時から、この体系の中で昇格基準を満たせば昇格する。

	4	マネジメント職掌
M	3	
	2	
	1	

	4	宿泊職掌
S	3	
	2	
	1	

		昇　格　条　件					
	在籍年数	人事考課※注1	業務論文	面接	筆記試験※注2	実技(マナー)	
←	-	-	-	-	-	-	
←	3	AAA	○	-	-	-	
←	3	AAA	○	○	-	-	
←	3	AAA	-	-	-	-	
	4	AA	○	-	○	○	
大卒3 22歳	-	AA	-	-	○	○	
高卒2 18歳	-	AA	-	-	○	○	

（S-4）

人事考課	筆記
BA	○

※注1　人事考課は上位等級へ推薦しても良いとみなる直前から数えて2〜3年（直前）の昇格考課とする。

※注2　筆記試験は、S-1→S-2は、基礎知識を、S-2→S-3は専門知識を、S-3→M-1は専門知識、計数とする。S-3→S-4は、計数とする。

M	4
	3	※

MK	4	営業・職掌
	3	
	2	
	1	

		昇　格　条　件				
	在籍年数	人事考課	業務論文	面接	筆記試験	その他※注3
←	-	-	-	-	-	-
←	3	AAA	○	-	○	(△)
←	3	AAA	○	○	○	(△)
←	3	AA	-	-	○	(△)
←	2	AA	-	-	○	(△)

営業職掌4等級からは、マネジメント職掌4等級へ昇格します。

※注3　「その他」には、特に顕著な業績に貢献した特記事項や公的資格取得後（例：販売士2級以上）などを加点としてプラス評価する。

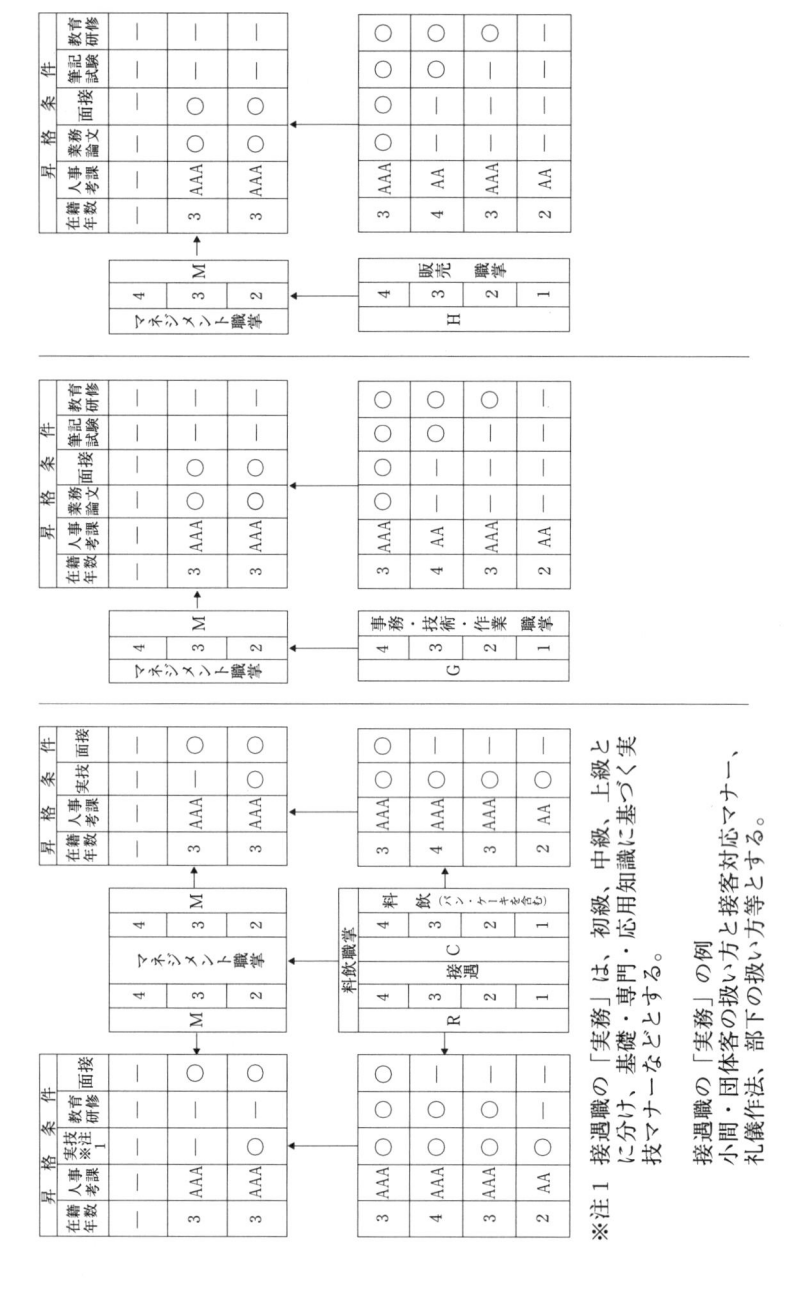

図表 3　最短昇格基準 (M・R・C・G・H)

接遇職 R

料飲職掌 C:
料飲職掌		
4	料飲	
3	飲料（パン・ケーキを含む）	
2		
1		

接遇 R:
マネジメント職掌	職掌
4	
M 3	
2	

昇格条件	在籍年数	人事考課	実技	面接
M→4	—	—	—	—
3→M	3	AAA	—	○
2→3	3	AAA	—	○

昇格条件	在籍年数	人事考課	業務論文	面接	筆記試験	教育研修
1→2	3	AAA	○	○	—	—
2→3	4	AAA	○	○	—	—
3→4	3	AAA	—	—	—	—
4→	2	AA	—	—	—	—

事務・技術・作業職 G

マネジメント職掌	職掌
4	事務・技術・作業
M 3	
2	

職掌	
4	
3	
2	
1	

昇格条件	在籍年数	人事考課	業務論文	面接	筆記試験	教育研修
M→4	—	—	—	—	—	—
3→M	3	AAA	○	○	—	—
2→3	3	AAA	○	○	—	—
1→2	3	AAA	○	○	—	○
2→3	4	AA	—	—	—	○
3→4	3	AAA	—	—	—	○
4→	2	AA	—	—	—	—

販売職 H

マネジメント職掌	職掌
4	販売
M 3	
2	

職掌	
4	
3	
2	
1	

昇格条件	在籍年数	人事考課	業務論文	面接	筆記試験	教育研修
M→4	—	—	—	—	—	—
3→M	3	AAA	○	○	—	—
2→3	3	AAA	○	○	—	—
1→2	3	AAA	○	○	—	○
2→3	4	AA	—	—	—	○
3→4	3	AAA	—	—	—	○
4→	2	AA	—	—	—	—

※注 1　接遇職の「実務」は、初級、中級、上級とに分け、基礎・専門・応用知識に基づく実技マナーなどとする。

　接遇職の「実務」の例
　　小間・団体客の扱い方と接客対応マナー、礼儀作法、部下の扱い方等とする。

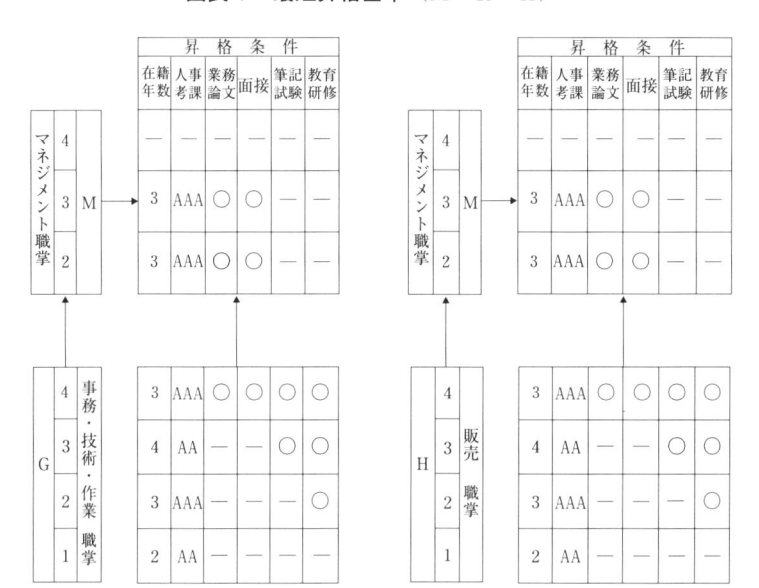

図表4　最短昇格基準（M・R・H）

		在籍年数	人事考課	業務論文	面接	筆記試験	教育研修
マネジメント職掌	4 / M	—	—	—	—	—	—
	3 / M	3	AAA	○	○	—	—
	2	3	AAA	○	○	—	—
G（事務・技術・作業職掌）	4	3	AAA	○	○	○	○
	3	4	AA	—	—	○	○
	2	3	AAA	○	—	—	○
	1	2	AA	—	—	—	—

		在籍年数	人事考課	業務論文	面接	筆記試験	教育研修
マネジメント職掌	4 / M	—	—	—	—	—	—
	3 / M	3	AAA	○	○	—	—
	2	3	AAA	○	○	—	—
H（販売職掌）	4	3	AAA	○	○	○	○
	3	4	AA	—	—	○	○
	2	3	AAA	○	—	—	○
	1	2	AA	—	—	—	—

　(ハ)　教育研修　　— 　社内・社外を問わず、会社指定の研修の受講と修了によって、基礎能力を身に付けたかどうかを判断します。これには「公的資格」などの「資格取得」も加えるものとします。

③　降格、降職について

　人事考課（昇給考課）の結果が、2年連続「C・C」、「C・D」、「D・D」の場合は、役員会において審議の上、総合的判定に基づいて降格、降職を行うものとします。

人事制度運用の鍵をにぎる
昇格・昇進の設計と運用

第7章　昇格・昇進規程

　　昇格基準（H株式会社・機械製造業・従業員300名）／192
　　昇格・昇進制度規程（A株式会社・精密機械・従業員280名）／196
　　職能資格制度規程（N株式会社・製造・従業員2,300名）／202
　　役割・成果責任制度規程（B株式会社・製造・従業員265名）／217
　　資格制度規程（E株式会社・機械製造・従業員630名）／229
　　社員実力等級制度規程（M株式会社・製造・従業員130名）／238
　　資格等級制度規程（O株式会社・金融・従業員300名）／245
　　昇格判定・手続規程（R株式会社・食品製造・従業員280名）／251
　　幹部職・一般職昇格取扱規程（K株式会社・精密機械・従業員320名）／254
　　職能資格等級規程運用細則（H株式会社・製造・従業員1,000名）／263
　　資格等級制度運用規則（S生協・サービス・従業員570名）／275
　　役職任用基準（F株式会社・食品製造・従業員380名）／287

昇格基準

（H株式会社　機械製造・従業員300名）

第1条（目的）

　『職能資格等級制度規程』（以下職能規程という）第13条（略）の昇格については、この『昇格基準』を設け、具体的かつ公正に運営することをはかる。

第2条（昇格の意味）

　昇格とは既に資格等級を付与されている従業員が、職能規程第9条（略）に定める資格等級において、より上位の資格等級を付与されることをいう。

第3条（昇格の時期）

　昇格は原則として5月15日付とする。

第4条（選考対象資格）

　選考対象は毎年4月現在において、次の在級年数を満たしている者とする。

　但し、特別昇格・臨時昇格についてはこの限りではない。

昇格内容	在級年数
8級→9級	指　定　な　し
7級→8級	〃
6級→7級	6級にて3年以上
5級→6級	5　〃　3年　〃
4級→5級	4　〃　2年　〃
3級→4級	3　〃　2年　〃
2級→3級	2　〃　2年　〃
1級→2級	1　〃　2年　〃

第5条（昇格選考の方法）

　従業員の昇格選考に当っては、原則として本基準第4条に定める選考対象資格を有する者について、別表1による選考を行う。

第6条（選考手続）

　昇格選考は資格等級別に次のとおり行う。

1　6級までの場合

　　総務部長は、各部から提出された人事考課結果をまとめ、資格昇格申請書を添付し社長へ上申する。

2　7級以上の場合

　　総務部長は、各部又は役員会から提出された人事考課結果をまとめ資格昇格申請書を添付し社長へ上申する。

第7条（昇格決定）

　各等級への昇格は、必要により担当管理者・総務部長の意見を参考にして社長が決定する。

付　則

1　本基準は平成〇年〇月〇日より実施する。
2　昇格についての手続、その他の細則については、別に定める『昇格基準事務細則』を利用する。

別表1　昇格基準

等級	昇格原則	最短昇格年数	人事考課	上司推薦	面接	審査
9級 ↑ 8級	8級の職能要件を満たし9級の職能要件を満たす可能性が十分ある。	—	直近2年 A以上	担当役員	人事担当役員	役員会
8級 ↑ 7級	7級の職能要件を満たし8級の職能要件を満たす可能性が十分ある。	—	直近2年 A以上	担当役員	人事担当役員	役員会
7級 ↑ 6級	6級の職能要件を満たし7級の職能要件を満たす可能性が十分ある。	3年	直近1年 A以上	担当役員	人事担当役員	役員会
6級 ↑ 5級	5級の職能要件を満たしている。	3年	直近1年 A以上	部長	人事担当役員	役員会
5級 ↑ 4級	4級の職能要件を満たしている。	2年	直近1年 B以上	部長	総務部長	役員会
4級 ↑ 3級	3級の職能要件を満たしている。	2年	直近1年 B以上	部長	総務部長	役員会
3級 ↑ 2級	2級の職能要件を満たしている。	2年	直近1年 C以上	課長	—	総務部長
2級 ↑ 1級	1級の職能要件を満たしている。	2年	直近1年 C以上	課長	—	総務部長

昇格基準事務細則

第1条（目的）

　この細則は、昇格基準に基づき、昇格に関する事務取扱いについての事項を定める。

第2条（昇格選考対象者の調査）

　定期昇格においては次により調査する。

1　総務部において該当者を抽出し、所属別・昇格資格別に昇格選考対象者調査表を作成する。

2　調査表の作成時期は毎年4月とする。

第3条（在級年数）

資格等級在級年数の算出方法は次による。

1　毎年5月21日現在における満年数とする。

2　休職期間は在級年数に通算しない。

第4条（年齢）

年齢の算出方法は別途定めた『賃金規程』第12条（年齢給）－2（略）と同一とする。

第5条（昇格申請）

昇格の申請については、次のとおりとする。

1　定期昇格

　(イ)　各所属部長へ提出した昇格選考対象者調査表に各部で所見を記入し総務部長へ提出する。

　(ロ)　総務部長は、各部から提出された昇格選考対象者調査表を総括し、昇格基準に定められた審査をうけ適・不適の最終評定を行い、資格昇格申請書を作成し、社長に上申する。

2　特別昇格・臨時昇格

　(イ)　特別昇格・臨時昇格の場合は、昇格対象資格のいかんにかかわらず、総務部長は昇格基準に定められた審査をうけたのち、資格昇格申請書を作成し、その都度社長に上申する。

第6条（昇格発令）

昇格決定者については、辞令発令とする。

　　　　　　　付　　則

1　本細則は平成〇年〇月〇日より実施する。

昇格・昇進制度規程

(A株式会社　精密機械・従業員280名)

第1条（目　的）

　　この規程は、従業員の昇格および昇進について具体的に定めたものであり、各人の能力に応じた適切な処遇を行うことを目的とする。

第2条（対象者）

　　この規程は、すべての従業員に適用する。

第3条（昇格・昇進の定義）

　　昇格・昇進の定義は、次の各号のとおりとする。

　　　①昇格とは、能力上のステイタスが上昇することをいう。

　　　　昇格＝能力の向上に伴う上位資格等級への移行

　　　②昇進とは、役職位がプロモートすることをいう。

　　　　昇進＝昇格＋適性＋経営方針に基づく人材の登用

第4条（昇格・昇進の種類）

　　昇格・昇進は、次の2種類とする。

　　１．一般昇格・昇進

　　　　一般昇格・昇進は、原則として年1回、4月に実施する。

　　２．特別昇格・昇進

　　　　勤務成績が著しく優秀な者、または採用時に行う中途入社者の格付が勤務後不均衡を欠くと認められる場合については、年度の途中で特別に昇格・昇進を行うことがある。

第5条（資格等級・等級定義・対応職位）

　　資格等級・等級定義・対応職位は、別表1に定めたとおりとする。

　　１．資格等級は、次のように定める。

ゼネラルマネージャークラス	9・8等級
マネージャークラス	7・6・5等級
シニアクラス	4・3等級
ジュニアクラス	2・1等級

2．等級定義は、それぞれの等級で期待される職務遂行能力について具体的に定めたものである。

3．対応職位とは、給与規程第22条に定められた役職で、それぞれの等級定義に該当する役職のことをいう。

第6条（昇格・昇進の実施）

昇格は、別表2の等級別昇格基準に基づいて実施する。

2　昇進は、別表3の昇進基準に基づいて実施する。

第7条（初任格付）

新卒者または中途入社者の初任格付は、別表3に基づいて実施する。

第8条（職位変更等）

1　次の各号に該当する場合には、職位の変更等を実施する。なお、その実施に当たっては、事前に対象者へ説明し、本人の同意を得て行うものとする。

①傷病その他の事由により、現に付与されている職位や当該資格等級が不都合なときは、職位または資格等級等を変更することがある。

②職務内容や職務の難易度、責任の度合等に変更があったときには職位または資格等級等を変更することがある。

2　前項の職位変更等は、特に定めのない限り、決定の日をもって実施する。

第9条（降職処分）

就業規則70条の定めにより、降職処分が行われたときには、職制上の地位を免じ、または下位の職位や等級に変更することがある。
　2　前項の降職処分は、特に定めのない限り、決定の日をもって実施する。

第10条（休職者の取り扱い）

　　就業規則第23条に該当する休職者には、原則として休職前の資格等級・職位を保障する。

第11条（規程の改廃）

　　この規程の改廃は、常務会の決議によるものとする。

第12条（施行期日）

　　この規程は、平成〇年〇月〇日より施行する。

昇格・昇進制度規程制度

別表1　資格等級・等級定義表

職掌	資格等級	等 級 定 義	対応職位
経営・統率職掌	GM−9等級	①自らの判断に基づき、的確に組織単位を指示する統率力とともに会社の経営中枢に参画し得る広い視野に基づく高度の商品知識、経験と理解力・判断力・折衝力・企画力あるいは指導力・管理力を必要とする仕事を遂行する職位 ②経営的技術的なスタッフとして、直接経営幹部を補佐し、会社経営の基本的方針の策定に参画する職位	本部長 部　長
経営・統率職掌	GM−8等級	①経営層を補佐するとともに、自らの判断に基づき職務を遂行し、指導する統率力とともに会社の経営方針立案にも参画し得るような高度な業務知識を有する職位 ②担当部門運営の具体的な方針と計画を立てて組織を統括し、部下の育成や管理力を必要とする職務を遂行する職位	部　長
管理職掌	M−7等級	上級者を補佐するとともに組織を管理し、会社の方針に基づき担当組織運営の具体的な方針と計画を立てて部下を指導・指示するとともに自らの業務に対する専門的知識を有し、的確な判断力・理解力・折衝力・企画力を必要とするような職務を遂行する職位	次　長
管理職掌	M−6等級	一般管理的な監督のもとに課または営業所単位組織の長としての所管業務を担当し、業務運営の具体的な方針と計画を立てて、部下を指導・指示する仕事を遂行するとともに、事務的・技術的な面において実質上の責任を有する職位	課　長 所　長
管理職掌	M−5等級	一般管理的な監督のもとに課または営業所単位組織の長に相当する職務を担当し、政策的事項については指示を受けるが、一定範囲の業務については具体的な計画を立て、自主的に自己の判断に基づいて部下を指導・指示しながら、その実施運営に当たる職位	課長代 所長代
監督職掌	S−4等級	業務に関する比較的高度の知識と経験に基づき、自己の創意と判断によって企画・調整・折衝などもしくは比較的複雑な日常の業務または専門的・技術的な業務や熟練を要する技能的作業を行うとともに上級者を補佐し、監督者として部下を指導する職位	係　長
監督職掌	S−3等級	上級者を補佐するとともに担当業務の部下を指導しつつ、一定範囲内の業務に関しては、かなりの知識・経験を基にし、相当程度の理解力・判断力および指導力を必要とする職務を遂行する職位	主　任 (一般)
一般職掌	J−2等級	業務の遂行に当たっては、上長の直接的監督または指導の基に定められた手順に従い、担当業務に関する一般的知識や実務経験を有し、またはある程度熟練度を必要とする職務を遂行する職位	一　般
一般職掌	J−1等級	業務に関する普通程度の知識と経験に基づいて、具体的な指示を受けながら日常の定型的な業務を行い、またある程度の実務的経験を必要とする職務を遂行する職位	一　般
＊GM＝ゼネラルマネージャークラス 　M＝マネージャークラス 　S＝シニアクラス 　J＝ジュニアクラス			

別表2　等級別昇格基準

1→2等級	2→3等級	3→4等級	4→5等級	5→6等級	6→7等級	7→8等級
B 以 上	B上以上	B上以上	A以上	A以上	A以上	A上以上

＊ここでいう昇格基準とは、上位等級への移行に必要な能力標語のことをいう。
　一般職掌の昇格は、3等級を上限とする。

別表3　昇進基準

昇進用件		推薦者および決定	
職　位	昇進要件	推薦者	決定
部　　長	7等級以上の者で、推薦され適格であると認められた者	担当役員	常務会
次　　長	6等級以上の者で、推薦され適格であると認められた者	担当役員	常務会
課 所 長	5等級以上の者で、推薦され適格であると認められた者	部　長	常務会
課所長代理	4等級以上の者で、推薦され適格であると認められた者	部　長	常務会
係　　長	主任を2年以上務めた3等級以上の者で、推薦され適格であると認められた者	部　長	担当役員
主　　任	大学卒3年、短大卒5年高校卒7年を務めた2等級以上の者で、推薦され適格であると認められた者	部　長	担当役員
一般社員	新卒者の初任格付　高校卒＝1−10 　　　　　　　　　短大卒＝1−16 　　　　　　　　　大学卒＝2−1		総務部長

1) 中途入社者の初任格付
　①主任は、25歳以上の者を対象とする。
　②係長は、27歳以上の者を対象とする。
　③課所長代理以上の職位は、本人の職務経験や能力に基づいて決定する。

昇格・昇進制度規程制度

別表4　職掌・資格等級・職位体系図

職　　掌	資格等級	一般職位	専門職位	摘　　要
経営統率職掌	GM−9等級	経営参画職掌 本部長		[専門職の人材要件] 課所長代理以上の役職者また は45歳以上の従業員の中から会社が選考し、本人の業務経験や適性に基づいて決定する。①専門分野における高い知識と豊富な経験を有し、エキスパートとして業務を遂行する者②担当分野における実績・技能・資格等を有し、会社が特定する業務に従事する者
	GM−8等級	統率職掌 部長		
管理職掌	M−7等級	準統率職掌 ブロック部長		
	M−6等級	上級管理職掌 次ブロック長	参事	
	M−5等級	管理職掌 ブロック課長／所長	主事	
監督職掌	S−4等級	監督職掌 課長代理／所長代理	主査	
	S−3等級	指導職掌 係長		
一般職掌	J−2等級	熟練定型職掌 主任		
	J−1等級	定型・補助職掌		

※GM＝ゼネラルマネージャークラス
M＝マネージャークラス
S＝シニアクラス
J＝ジュニアクラス

[役職手当：一般職位]　年俸制適用(60,000円)
部　　長　53,000円
次　　長　50,000円
課所長代　35,000円
所長長代　30,000円
係　　長　 5,000円
主　　任　 3,000円

[役職手当：専門職位]
参　事　30,000円
主　事　20,000円・10,000円
主　査　 5,000円

職能資格制度規程

（N株式会社　製造・従業員2,300名）

職能資格制度規程

（目　的）

第1条　この規定は社員の人事管理上の規範となる制度であって、公正に評価された職務遂行能力に見合う職能等級への格付けを通じ、社員の適正な処遇を行うことを前提とし、次の目的に従って運用することとする。

1．職能の段階的な開発活用を図り、人を育て企業の将来に備える。
2．従業員一人ひとりが自らより高い職能を求めて努力するための目標を設け働きがいをもって職務を遂行できるようにする。
3．職能の向上に応じた評価・処遇を行い、士気を高める。
　3－1　職能がありながらポスト不足のため上位職に就けない従業員を「上位職能相当の職能資格」によって処遇し、待遇水準を維持する。
　3－2　職能資格の昇格は、より上位になるほど職能中心の評価とする。

（適用範囲）

第2条　この規定は就業規則第2章に定める手続きを経て採用した社員、および準社員（以下社員に統一）について適用する。

（用語の定義）

第3条　この規定における用語の定義は次のとおりとする。

1．職　　務　社員に遂行するように割当てられた仕事をいう。

2．職　　掌　職務を遂行するに必要とする職務遂行能力の共通性・類似性および人事管理上同一の基準が適用される職務をいう。

3．職　　能　職務を遂行するために必要な能力をいう。

4．職能資格　職務遂行能力を等級別に区分した社員の処遇上の資格等級をいう。

5．職　　位　職務の組織上の地位をいう。

6．昇　　格　社員を現有職能等級より上位の等級に格付けすることをいう。

7．習熟年数　同一等級に滞留する年数をいう。

（職能段階）

第4条　社員の資格は職能段階別に格付けするとともに、さらに次の職掌別に付与する。

1．職掌区分

職種＼職能段階	管理職能	指導・監督職能	一般職能
事　務 営　業　職	管　理　職 専　門　職	指導・監督職	一　般　職
技　術　職			
技　能　職			

2．職掌分類基準

2－1　管理職（7・8・9級職＝主事以上）

組織上（室・部・課）の各部長・部長代理・次長・課長

・職務の内容

経営管理活動を行う事務・営業または技術研究的な組織、および製造を行う組織を統制・調整・指揮監督を行い所轄部門を運営する業務

2-2 専門職（7・8・9級職＝主事以上）

組織上の部長・次長・課長と同等の能力を有する者

・職務の内容

経営者または部長のスタッフとして、高度な専門的知識・能力をもって行う調査・研究・企画立案および技能指導等の経営管理上の専門業務または、その職務が管理職と同等と認められる業務

2-3 指導・監督職（4級職＝副主任・5級職＝主任・6級職＝副主事）

各組織の係長・職長・4級職

・職務の内容

職務上必要な高度な知識・経験・技能を有し、所属長の指示により行う日常一般的あるいは困難な担当業務についての企画立案または段取りおよび、所属員を指導監督して担当職務を完全に遂行する業務。

2-4 一般職（1級職・2級職・3級職）

2-4(1) 事務・営業職

総務・経理・購買・営業等の職務を担当する者、および技術・製造等に付随する事務・庶務的業務を担当する者

・職務の内容

専門的知識・能力をもって行う調査・立案および実務指導等の専門業務、または総務・経理・購買・営業等の事務的・販売的業務の立案・実施ならびにこれに付随する一般事務業務

2-4(2) 技術職

製品の開発・改良・研究・分析等の技術関係を担当する者

・職務の内容

専門的知識・能力をもって行う調査・研究・技術および実務指導等の専門業務、または技術管理面の業務・企画・設計・工程の管理に付随する業務

2-4(3) 技能職

製造作業を担当する者および製造設備の保全・倉庫保管・製品出荷等の作業を担当する者

・職務の内容

専門的知識・能力をもって行う調査・立案・段取りおよび監督者の補佐としての技能指導等の業務、または製造現場において、製品の製造作業もしくはこれに付随する設備点検・製品保管・入出庫等の業務

(資格区分・名称)

第5条　資格区分・各称は次のとおりとする。

職能	等級	資格名称	役職位					
管理・専門職	9	参　　　事	部長	次長				専門職
	8	副　参　事			課長			
	7	主　　　事						
指導・監督職	6	副　主　事				係長	職長	
	5	主　　　任						
	4	副　主　任						
一般職	3	社員3級						
	2	社員2級						
	1	社員1級						

(参与制度)

第6条　参事の上に参与を置き役員に準ずる資格を付与し、その取り扱いは別に定める。

(資格等級基準)

第7条　資格等級基準は別表1・2・3（略）のとおりとする。

(職能資格手当)

第8条　主任以上の資格を付与されたものに対しては、給与規定により職能資格手当を支給する。

(役職手当との関係)

第9条　役職者に対する役職手当と職能資格手当は重複して支給しない。

(初任資格)

第10条　1．学卒定期採用者

　　　イ．大学卒業の学力・能力を有すると認めて採用した者

　　　　　社員　3級

　　　ロ．短大またはそれに準じるものを卒業し、その学力・能力を有すると認めて採用した者

　　　　　社員　2級

　　　ハ．高校卒業の学力・能力を有すると認めて採用した者

　　　　　社員　1級

　　　ニ．中学卒業の学力・能力を有すると認めて採用した者

　　　　　社員　1級

　　2．学卒定期採用者以外の者

　　　　本人の学歴・年齢・職歴・経歴・能力等を総合的に勘案して初任資格を決定する。

(初任資格の付与時期)

第11条　1．定期採用および中途採用により入社した者の初任資格は、試用期間満了の翌日、または臨時社員から正式採用になった日にこれを行う。
　　　　2．初任資格は総務部長が上申し、社長の決裁により行う。

（昇　格）
第12条　1．昇格は原則として在級する等級が必要とする職務遂行能力を十分満たしたか否かにより判断する。
　　　　2．定期昇格は毎年1回、昇格基準に定める選考対象資格者を選考し4月に発令する。なお、必要に応じて特別昇格または臨時昇格を行うことがある。

（特別昇格と臨時昇格）
第13条　前条に定める特別昇格・臨時昇格は次のとおりとする。
　　　　1．特別昇格
　　　　　能力・人物および勤務成績等が在級する等級に比べ著しく向上していると認められる者については、昇格規定の定める選考対象資格にかかわらず、所属長の申請に基づき選考のうえ、特別昇格をさせることができる。
　　　　2．臨時昇格
　　　　　次の各号の一つに該当した場合で特に必要と認めたときは、定期昇格にかかわらず、所属長の申請に基づき選考のうえ、臨時昇格させることができる。
　　　　　イ．業務上死亡または業務上の傷病によって廃疾となり退職するとき
　　　　　ロ．会社が特に必要と認めたとき

（降　格）
第14条　降格は原則として行わない。

（役職と資格の関係）

第15条　役職と資格の関係は、ともに職務遂行能力に基づくものであるが、役職は特に管理監督面より運用し、資格は総合能力または専門分野の能力面より運用するものとする。

（役職の定年）

第16条　1．役職者が満55歳に達した場合は、次のいずれか一つに該当する者を除き、全員役職を解任する。

　　(1)　役職を条件として採用された者
　　(2)　取締役となった者
　　(3)　役職後任者が必要な場合で、後任該当者がいない者
　　　　　ただし、後任者が決定されるまでの期限付とする。

　　2．役職の解任時期は、満55歳に達した日から最初に到来する4月の定期昇格時とする。

　　3．役職を解任された者の職能資格等級は降格しない。また、会社定年年齢までは能力が上れば昇格することがある。

　　4．役職を解任された者は、その時の能力・適性を判断し、7等級以上の場合は専門職、6等級以下の場合は実務職として職務を遂行することとする。

（役職の解任）

第17条　1．前条の役職の定年制以前にも適材適所の考えにより、適宜役職を解任することがあるが、この場合も降格しない。また、満55歳到達までは役職に復帰することがある。

　　2．就業規則の懲戒に該当する場合は、役職の解任と職能資格等級の降格を同時に行うことがある。

　　3．役職の解任については、社長が決定する。

（付　則）

第18条　本規定は平成〇年〇月〇日から実施する。

昇　格　基　準

（目　的）

第1条　職能資格制度規定（以下資格規定という）第12条の昇格については、この昇格基準を設け、具体的かつ公正にして適正なる運営を行うことを目的として定める。

（昇格の意味）

第2条　昇格とはすでに資格等級を付与されている社員が、資格規定第5条に定める資格等級において、より上位の資格等級を付与されることをいう。

（昇格の程度）

第3条　昇格は原則として一等級づつ行うものとする、ただし、資格規定第13条に定める特別昇格ならびに臨時昇格において、特に必要と認めた者は一回に二等級昇格させることができる。

（選考対象資格）

第4条　選考対象資格は毎年1月現在において、次の区分の基準に達した者をいう。

昇格内容	習熟年数 標準	習熟年数 最長	人事考課基準	通信教育修了	出勤率（直近1年）
8級→9級	5	—	人事考課点が昇格資格点に達した者	○	
7級→8級	5	—	〃	○	
6級→7級	5	—	〃	○	
5級→6級	5	—	〃	○	
4級→5級	4	—	〃	○	
3級→4級	4	—	〃	○	
2級→3級	2	10	〃		
1級→2級	2	10	〃		
準社員→正社員 2級	3	—	〃	○	98％以上
1級→2級	2	5	〃		98％以上

（不適格条件）

第5条　資格選考に当たって不適格条件は次のとおりとする。

　(1)　就業規則の懲戒処分（減給処分以上）を受けてから満1年未満の者

　(2)　採用してから満1年未満の者、および昇格してから満2年未満の者

　　　ただし、特別昇格・臨時昇格の場合はこの限りでない。

（昇格選考の方法）

第6条　社員の昇格選考を行うに当っては、原則として本基準第4条に定める選考対象資格を備える者の中から前条の不適格者を除き、人事考課規定による能力考課を行う。また必要があれば論文・面接等により総合評価し、第7条に定める所定能力区分以上の者を選考し、全社的調整のうえ社長が決定する。

（昇格能力区分）

第7条　選考対象資格を有し、現行資格の能力考課の結果、次の能力

区分以上の者が対象となる。

昇格区分		現行資格の能力区分
社員	4級以上の昇格	A以上
	3級までの昇格	B以上
準社員	正社員昇格	A以上
	2級昇格	B以上

能力区分	S	A	B	C
区分基準	非常に優れている	優れている	普通	劣る

（選考手続）

第8条　昇格選考は資格等級別に次のとおり行う。

　1．3級までの場合（卒業方式）

　　総務部長は、昇格選考対象資格のある者について能力考課結果をまとめ、社長へ上申する。

　2．4級以上7級までの場合（入学方式）

　　総務部長は、各部から提出された資格昇格申請書の対象者に対しての能力考課結果をまとめ、資格昇格申請書を添付し社長へ上申する。（7級へ昇格する場合は必要によって論文を添付する）

　3．8級以上の場合（入学方式）

　　総務部長は、昇格選考対象資格のある者について社長へ上申し、必要ある場合は対象者に論文を提出させる。

（昇格決定）

第9条　1．各等級への昇格は、必要により担当役員・担当部長・総務部長の意見を参考にして社長が決定する。

　2．第4条に定める選考対象資格で習熟年数が最長に達した者については、原則として第8条の選考手続きを省略して昇格を決定する。

（付　則）

第10条　1．本基準は平成〇年〇月〇日より実施する。

　　　2．昇格についての手続き、その他の細則については、別に定める昇格基準事務細則を利用する。

　　　3．本基準は平成〇年〇月〇日改定実施する。

昇格基準事務細則

（目　的）

第1条　この細則は、昇格基準（以下基準という）に基づき、昇格に関する事務取り扱いに関する事項を定める。

（昇格選考対象者の調査）

第2条　定期昇格においては次により調査する。

　　1．調査表の作成

　　　イ．総務部において該当者を抽出し、所属別・昇格資格別に昇格選考対象調査表を作成する。

　　　ロ．調査表の作成時期は毎年1月とする。

　　2．4級以上7級までの昇格選考対象者については、資格昇格申請書に次の事項を記入のうえ、各所属部長へ提出する。

　　　イ．所属・氏名・生年月日・満年齢

　　　ロ．最終学歴・入社年月日・勤続年数

　　　ハ．現資格等級・習熟年数

　　　ニ．過去の人事考課結果

（勤続年数・習熟年数・学歴）

第3条　勤続年数・経過年数の算出方法および学歴については次による。

　　1．勤続年数

　　　イ．定期昇格においては、毎年4月現在における満年数とする。

ロ．臨時昇格・特別昇格においては、申請時点における満年数とする。

　　ハ．中途採用者の前歴の取り扱いは別途定める方法による。

　　ニ．休職期間は勤続年数に通算しない。

　2．習熟年数

　　イ．定期昇格においては、毎年4月現在における満年数とし、現資格を発令された月から起算する。

　　ロ．臨時昇格・特別昇格においては申請時点における満年数とし、現資格を発令された月から起算する。

　3．学歴

　　イ．学歴区分は職能資格制度規定第10条によるものとする。

　　ロ．入社後学歴については、会社に卒業証明書・成績証明書を提出した場合のみその学歴を認める。

（人事考課基準）

第4条　人事考課基準における人事考課点・昇格資格点の計算基準は次による。

　1．人事考課点

　　人事考課規程により、能力考課（3月）・業績考課（年2回6月・11月）を行い、次の考課点数とする。

考課ランク 区分	S	A	B	C	D
一律配点	10	7	5	3	1

2．昇格資格点

	昇格内容	昇格資格点		備　　考	
正社員	9級への昇格	過去3年間の人事考課点計	55点	人事異動があった場合	－2点／回
	8級への昇格	〃	55点	〃	－2点／回
	7級への昇格	〃	55点	〃	－2点／回
	6級への昇格	〃	55点	〃	－2点／回
	5級への昇格	〃	55点	〃	－2点／回
	4級への昇格	〃	50点		
	3級への昇格	過去1年間の人事考課点計	15点		
準社員	正社員への昇格	過去3年間の人事考課点計	55点		
	2級への昇格	1級習熟時の累積考課点	30点		

（通信教育基準）

第5条　通信教育修了とは、別に定める各等級毎の通信教育を受講し、次の基準に達した者をいう。

1．通信教育受講基準

　　各等級に昇格してから、満1年以上習熟年数が経過した者の中から、所属長が認めた者。

2．通信教育修了基準

　イ．通信教育内容は、所属長が決められた範囲内で指定する。

　ロ．受講期間は、プログラムの指定受講期間から、2カ月経過までを認める。

　ハ．添削点数については、平均90点以上を修了と認める。

3．修了基準に達しない場合

　イ．プログラム内容を変更し、再度受講する。ただし、前回の通信教育受講終了から6カ月間は原則として受講させない。

　ロ．受講したプログラム内容によっては、受講在籍者の添削平均点が著しく低い場合などを考慮し、基準点数以下でも修了を認

める場合がある。

（論文基準）

第6条　資格等級の7級以上に昇格する場合は、必要により次の基準で指示された期限までに論文を提出しなければならない。

　1．論文内容
　　イ．主題については自分の研究テーマ・今後の抱負などについて作成する。
　　ロ．文字数は原稿用紙10枚前後とする。
　2．提出者範囲
　　イ．7級に昇格する場合は、原則として全員提出。
　　ロ．8級以上に昇格する場合は、指示された者とする。

（昇格申請）

第7条　定期昇格・特別昇格等における昇格の申請については、次のとおりとする。

　1．定期昇格
　　イ．各所属部長へ提出した資格昇格申請書に、各部で所見を記入し総務部長へ提出する。
　　ロ．総務部長は、昇格選考対象調査表に全員の能力考課結果を記入し、各部から提出された資格昇格申請書、あるいは論文等を総括し、適・不適の最終評定を行い社長に上申する。
　2．特別昇格・臨時昇格
　　イ．特別昇格・臨時昇格においては、昇格対象資格のいかんにかかわらず、そのつど社長に上申する。
　　ロ．申請については、資格昇格申請書を利用する。また、申請理由は具体的に記入する。

（昇格発令）

第8条　昇格決定者については、昇格資格により辞令を発令する。
（付　則）
第9条　1．本細則は平成〇年〇月〇日から実施する。
　　　　2．本細則は平成〇年〇月〇日改定実施する。

役割・成果責任制度規程

(B株式会社　製造・従業員265名)

第1条（目　的）

　　本規程は、役割成果主義の方針を具体化し、社員の立場・役割に応じた、処遇と能力の開発育成および活用を図ることを目的とする。

第2条（定　義）

　　会社の役割・成果責任制度は、会社の期待する人材基準、および成果達成のための具体的要件に基づいて各人の立場・役割・責任ならびに成果を評価し、その目標達成度により処遇する制度をいう。

第3条（制度の運用）

　　前条に基づき資格等級への格付、昇降格および昇降給等の運用を行う。

第4条（チャレンジシート、ランクアップノートの活用用途）

　　チャレンジシート、ランクアップノートの活用は、次のとおりとする。

	給　与	定例賞与	業績賞与	昇　格	昇　進
チャレンジシートA目標	◎	◎	◎	○	○
チャレンジシートB目標	◎	◎	－	○	○
チャレンジシートC目標	◎	－	－	○	○
ランクアップノート	－	－	－	○	○

注）◎は特に反映する。○は反映する。

第5条（用語の定義）

　　(1)　職　　　務……各人に課される仕事の集まりをいう。

　　(2)　成　　　果……結果を出すに至った仕事全体のことを指し、

　　　　　本人の努力や工夫によって構築された状況をいう。

(3) 役　　　　割……各々の人に割り当てられた、会社が期待する役目。

(4) 資　格　等　級……立場・役割の発展に応じて段階を設け区分したもので、仕事の困難度、努力度、達成度による段階区分を基礎とした役割の発揮度、期待度の段階区分。

(5) 役　　割　　給……各々の人に割り当てられた、会社が期待する役目と資格等級に応じて、決められる賃金をいう。

(6) 総合職コース……1級〜2級の総合職群、3級以上の管理職群、専門職群を包含し、基幹的業務を担う。本人の努力次第で、7級（部門経営職）まで昇格可能。

(7) 一般職コース……1級〜2級の一般職群、3級〜4級の専任職群を包含し、原則として勤務地限定で、定型的・補助的業務を担う。

(8) 管　　理　　職……職務を遂行する上に必要な実務知識、基礎知識を有し、かつその知識を基に職務を遂行できる者、もしくは目指す者をいう。組織の機能を円滑に運営するため、上位の者から下位の者へ与える指導・管理ができる者、もしくは目指す者をいう。

(9) 専　　門　　職……高度の知識を持つ者。特殊専門知識を有している者。

(10) 専　　任　　職……実務経験を有する業務を担当する者。
(11) 総　　合　　職……将来の幹部候補生。勤務地不問　非定型業務を担当する。
(12) 一　　般　　職……主として定型的・補助的な業務を担当する者。
(13) 職　　　　　位……職務上の地位をいう。
(14) 課　　　　　業……資格等級のうち、人材の具体的要件を構成する個々の仕事のまとまりをいう。
(15) 職　　　　　種……同種の職務をグルーピングしたもので、人材要件を構成する営業職、技術職、事務職等に区分された職種をいう。
　　　　　　　　　　　（会社の職務区分参照）
(16) 昇　　　　　格……上位の資格等級に格付することをいう。
(17) 昇　　　　　進……上位の役職に命じられることをいう。
(18) 任　　　　　命……辞令により新たに任命されることで、昇格の場合は、任ずるとし、昇進の場合は命ずるとする。
(19) 降　　　　　職……下位の役職に命じられることをいう。
(20) 降　　　　　格……下位の資格等級に格付することをいう。
(21) 人材役割基準……各々の等級ごとに定められた、会社が社員に期待し、要求する役割についての基準（人材目安基準を含む）。
(22) 成果達成のための具体的要件　　等級別、職種別に定められた、会社が社員に期待し、要求する成果達成のためにやるべきこと。

第６条（適用の範囲）

本規程は、就業規則第1章第3条に定める従業員の内、正社員に適用する。

第7条（資格等級）

資格等級は、1等級から7等級までの7段階とする。

第8条（資格等級と役割および職務の関係）

資格等級と役割および職務の関係は次のとおりとする。

資格		職務
等級	役割	
7等級	部門経営職	部門経営業務
	専門経営職	専門経営業務
6等級	部門管理職	部門管理業務
	専門管理職	専門管理業務
5等級	管理監督職	管理監督業務
	専門監督職	専門監督業務
4等級	管理指導職	管理指導業務
	専任指導職	専任指導業務
3等級	管理判断職	管理判断業務
	専任判断職	専任判断業務
2等級	総合職	営業・技術・事務等の非定型業務
	一般職	営業・技術・事務等の定型業務
1等級	総合職	営業・技術・事務等の非定型業務
	一般職	営業・技術・事務等の定型業務

第9条（資格等級と職位）

各資格等級に対応する職位は別表1のとおりとする。

ただし、別表1は、平成〇年〇月〇日の施行とする。

第10条（職位と業務執行の関係）

業務遂行上必要な、承認・決裁・判断等の役割・責任はその組織における職位による。

第11条（資格等級の基準）

役割・成果責任制度の根幹である「等級別・職種別　役割・評価要件表」は別途定める。

第12条（採用者の格付）

就業規則第6条により採用した者を本制度に則り次のとおり格付けする。

(1) 新卒採用者を1級一般職または1級総合職に格付けし、1年経過後自動的に2等級に格付けする。

(2) 職歴者については、入社時2級一般職または2級総合職に格付けする。

　　ただし、職歴、適性、役割等により3級職以上と判断される者に対しては、「会社の期待する人材役割基準」に照らし、所属部長は仮等級を総務部長宛申請する。なお、正式等級の認定は昇格試験によるものとする。

第13条（資格等級における異動配置の要件）

社員の異動配置に際しては、該当者の資格等級における職務と、配置しようとする職務の内容とを比較検討し、適正な対応関係を維持するよう配慮するものとする。

第14条（役割給との関係）

役割給は、資格等級に対応した役割給表に基づいて決定される。

第15条（昇格の日時）

昇格は、原則として毎年4月1日付けで行う。

第16条（人事委員会）

社員の昇降格および昇進、異動・配置等を審議する機関として人事委員会を設置する。そのメンバーは、社長を委員長とし、取締役で構成する。

第17条（昇格のための受験資格）

次の各々の要件を満たした者に昇格のための受験資格を与える。

挑戦等級		判断基準		評語
資格等級	昇格等級	経験年数	挑戦年齢 (満年齢)	
2級	→3級	4年以上	27歳以上	平均B以上
3級	→4級	4年以上	31歳以上	
4級	→5級	4年以上	35歳以上	
5級	→6級	4年以上	39歳以上	
6級	→7級	4年以上	43歳以上	

(1) 経験年数は、現等級に格付けされた時より起算する。
(2) 判断基準の基準日は、上申の翌年4月1日現在とする。
(3) チャレンジシートの評価は、該当期の中間・前期末・前々期末の平均値とする。

第18条（昇格の申請）

所属上長は、所定の様式により、新卒・中途に関係なく前条の基準をすべて満たした者について、所属担当部長または管掌役員の推薦を経て人事委員会に昇格の上申をすることができる。

ただし、挑戦等級により、申請者および推薦者を以下の様に定める。

(1) 申請者　　3級……………………………係長以上
　　　　　　　4級……………………課長または支社、支店長以上
　　　　　　　5～6級…………………………所属部長
　　　　　　　7級……………………………管掌役員
(2) 推薦者　　3～4級…………………………所属部長
　　　　　　　5級以上…………………………管掌役員

第19条（選択コースの変更）

1．昇格申請の際に、本人の希望と併せて担当部長の推薦により、コース変更を申請することができる。
2．変更の基準は別表2、選択コース表による。

別表1　資格等級に基づく職位

等級	格	役割	資格等級に基づく職位						
7	部長格	部門経営職	本部長	部長・部長代理					センター長
6	次長格	管理職		部長・部長代理	次長			支社長・支店長	室長	センター長
5	課長格	監督職			次長	課長		支社長・支店長	室長	
4	係長格	指導職				課長	係長		室長	
3	主任格	判断職					係長			
2	一般格	総合職一般職								

第20条（特別上申）

　各々の資格等級の中で人材の定義（人材目安基準）が上位に該当すると認められ、かつ直近の期末評価が２期連続して「Ａ」以上の場合、第17条の受験資格（経験年数・満年齢）が不足していても、上位の等級へ昇格挑戦を上申することができる。

第21条（認定要件）

　上申は、原則として所属部長が行い、人事委員会で審議のうえ、昇格試験受験の可否を判断する。

第22条（上申者の留意事項）

　特別上申を申請する上長は、第20条の特別上申の基準に基づき、本人の能力、成績を慎重に判断したうえで特別上申の申請を行うものとする。

第23条（昇格試験）

1．昇格のための試験を次のとおり実施する。

受験者資格		昇格試験				日　時
資格等級	昇格等級	通信講座	レポート	筆　記	面　接	
2級	→3級		○	○	○	年１回
3級	→4級	○	○	○	○	
4級	→5級		○		○	
5級	→6級	○	○		○	
6級	→7級				○	

2．4級および6級の昇格試験の受験者に対し、本人の能力の向上および審査の判定資料として通信講座を受講させる。講座の内容は、社長が決定する。

3．昇格試験のレポートの内容および3級・4級で実施する筆記試験の内容は、そのつど社長が決定する。

4．面接は、昇格候補者のレポート等の資料を基に上位等級に相応

しい人材であるかどうかを審査する。面接は、人事委員会で実施する。

第24条（審査および決定）

(1) 総務部において審査のための手続きを行い、人事委員会に上申する。

(2) 人事委員会は、次の審査および判定を行う。

① 昇格試験の合否審査判定

② 格付け、昇格・昇進の審査

第25条（降格の条件）

結果報告書の評語が２期連続「Ｃ」以下の社員は、降格審査の対象とする。

第26条（降格審査の実施）

総務部長は、降格審査対象者の所属長より、日々の業務の遂行度、勤怠等の状況について聞き取り調査を行い、最終的な降格審査対象者を決定し、人事委員会に上申する。人事委員会は、総務部長からの上申を受け、降格審査を実施する。

第27条（降格審査の内容）

面接と併せ「ランクアップノート」「勤怠」「人材目安基準」等から判断して、当該等級に相応しい人材であるかどうかを審査する。面接は、人事委員会で実施する。

第28条（降格の決定および通知）

面接の結果を判断し、面接終了後に本人に告知するとともに、降格は、原則として毎年４月１日付で行う。

第29条（給与改定の日時）

給与改定は原則として６月20日付で行う。

第30条（給与改定のための要件）

次の各号の要件を充たしたものに給与改定を実施する。
(1)　原則として1年以上勤続し、年間勤務日数の8割以上のもの（有給休暇取得日数を除く）。
(2)　目標管理（チャレンジシート）に則り、中間と期末に所属長と本人が上・下期の目標成果について話し合いを行い評価の決定したもの。

第31条（給与改定の基準）
　　給与改定の基準に、目標管理（チャレンジシート）を用いる。

第32条（昇進の基準）
　　昇進は、組織管理運営上、必要と認めた場合、別表1に添って、人事委員会で審議し社長が決定する。

第33条（賞与の種類）
　　賞与は、定例賞与と業績賞与の2種とし、詳細については賞与規程による。

第34条（賞与支給時期）
　　定例賞与は年2回　7月と12月に支給する。
　　業績賞与は年1回とし、基本的に、株主総会終了後の7月1日に支給する。

第35条（採用）
　　就業規則第6条により、当該年度の採用を行うが、当該年度に求める人材の目安は「人材目安基準」に基づき社長が決定する。

第36条（異動・配置）
　　就業規則第38条により、社員の異動を行なう。社員の異動については組織管理運営上、必要と認めた場合、人事委員会で審議し社長が決定する。

第37条（教育訓練）

就業規則第46条により、社員に対し教育訓練を実施する。

第38条（役割・成果責任制度と他の制度との関連）

　この役割・成果責任制度を基に、会社の人事制度体系図にある他の制度と有機的に関連させ、もって第１条の目的を完遂しなければならない。

付　則

　１．この規程の改廃は、総務部長が起案し、社長が決定する。
　２．この規程は、平成○年○月○日より改定実施する。

別表2　選択コース表

等級	役割	総合職コース		一般職コース
7	部門経営職	管理職群	専門職群	
6	管理職			
5	監督職			
4	指導職		専任職群	
3	判断職			
2	総合職一般職	総合職群	一般職群	
1	総合職一般職			

等級	コース	勤務地（原則）		コース変更（原則）		備考
		全国	地域内	有	無	
3〜7級	管理職群	○		○		
5〜7級	専門職群	○		○		
3〜4級	専任職群		○	○		
1〜2級	総合職群	○		○		
1〜2級	一般職群		○		○	

資格制度規程

（E株式会社　機械製造・従業員630名）

1．目　的

　　この規定は、社員の職務を遂行する能力をその段階により格付けし、人事および処遇の適正な運用の基準とすることで、社員個々の能力開発と活力に満ちた組織の維持発展を図ることを目的とする。

2．適用範囲

　　この規定は、人事組織および処遇に関する次の各規定に適用する。
- ⑴　組織規定
- ⑵　職務権限規定
- ⑶　賃金規則
- ⑷　海外駐在員規定
- ⑸　国内出張旅費規定
- ⑹　海外出張旅費規定
- ⑺　退職金規定
- ⑻　社宅規定

3．用語の定義

　　この規定の主な用語の定義は次のとおりとする。
- ⑴　職　務
    社員各人に割り当てられた具体的な仕事。
- ⑵　職　責

職務を遂行してゆくうえで、社員各人が負う責任。

(3) 職　能

社員の職務を遂行する能力、すなわち職務遂行能力の略称。

(4) 資　格

社員に要求される職務遂行能力の度合に応じて、一定の基準に基づいて分類した格付け。

(5) 資格等級

資格の等級による格付け区分。

(6) 職　位

資格の呼称。

(7) 職　種

職務の類似性により分類される区分。

(8) 職　群

職責の種類により分類される区分。

(9) 職能階層

資格を、その要求される職責の度合に応じて職群ごとに分類した区分。

(10) 昇　格

職務遂行能力が向上し、現在の資格より上位の資格に要求される基準に合致することが認定され、格付けが上がること。

(11) 降　格

職務遂行能力が低下し、現在の資格に要求される基準には合致しないことが認められ、格付けが下がること。

(12) 役　職

単位組織の統括・管理・運営をする役割の呼称。

(13) 任　用

組織編成において、役職に任命されること。

⒁ 退　任

組織編成において、役職の任務を解かれること。

4．制度の構成

資格制度の構成は次のとおりとする（別表１参照）。

⑴ 資格基準

資格は10等級に区分し、各等級の定義および基準は別表２のとおりとする。

⑵ 職位の区分

職位は資格の呼称として、ａ等級以上の資格に付与するものとし、社員の職種により技術・技能系分野と営業・管理系分野に区分する。

⑶ 職群の区分

職群は、職責の種類により、管理職群、専門職群、専任職群の３区分とする。

なお、各職群の定義は「組織規定」の定めるところによる。

⑷ 職能階層の区分

資格は、その要求される職責の度合いに応じて、職群ごとに次の３階層に区分する。

資格等級	管理職群	専門職群	専任職群
ｄ等級以上	管理職能	専門職能	専任職能
ａ等級～ｃ等級	準管理職能	準専任職能	
１等級～３等級	基礎職能		

⑸ 管理職群の役職

管理職群の社員が任命される役職は、その職責により以下のと

おり区分する。

なお、各役職の職務は「職務権限規定」の定めるところによる。

・部　長

部単位の組織を統括・管理する職責を担う役職であり、e等級以上の資格の社員から任用する。

・マネージャー

グループ単位の組織を統括・管理する職責を担う役職であり、d等級以上の資格の社員から任用する。

ただし、準管理職能の社員がこの職責を担う場合は、「リーダー」として任用する。

・リーダー

チーム単位の組織またはプロジェクトを統括・管理する職責を担う役職であり、a等級以上の資格の社員から任用する。

(6) 昇格基準年数

各資格の基準を満たす職務遂行能力を完全に身に付け、また、その向上の度合いを適正に評価するため、資格ごとに昇格基準年数を設ける。

5．格付基準

新規採用者の資格格付けは採用の日をもって次のとおり行う。

(1) 定期入社（新規学卒）の社員は、学歴による学業期間の差を職務の習熟期間と等価値とみなし、以下のとおり初任格付けを行う。

・修士卒　　　　　　　：3等級
・大学卒　　　　　　　：3等級
・短大・高専・専門卒：2等級
・高校卒　　　　　　　：1等級

(2) 定期入社以外の社員

　資格基準に従い、前歴、経験、従事する職務および在籍者との均衡等を考慮して格付けを行う。

6．昇　格

　昇格基準年数を満たし、別に定める「昇格審査基準手続」による審査により認定された場合は昇格することができる。

　なお、昇格は1職位ずつとし、最高職位まで順次昇格することができる。

7．降　格

　次の各号の一つに該当する場合は降格させることがある。

　ただし、原則として一度に2職位以上の降格は行わない。

(1) 就業規則第9条第5項により制裁を受けた場合。

(2) 資格基準に即して著しく劣り、業績評価において2年間連続して下位ランク（5段階評価の2点以下）の評価を受けた場合。

8．職能給への適用

　昇格および降格は、職能給の格付けに次のとおり適用する。

(1) 昇格した場合の格付け

　昇格した場合には、昇格前の資格における習熟分に6号俸を加えた職能給の金額をもって昇格後の資格の直近上位の号俸に格付けるものとする。

(2) 降格した場合の格付け

　降格した場合には、昇格した場合と逆の扱いとする。すなわち、降格前の資格における習熟後の職能給の金額をもって降格後の資

格の直近下位号俸に格付け、そこから6号俸減じた号俸に格付けるものとする。

9．職位区分の決定・変更

社員の職位区分は、組織編成における担当業務の職種に従う。担当業務の変更に伴い職種が変更となった場合には、職位区分もそれに従うものとする。

10．職群区分の決定・変更

社員が属する職群の決定は、社員の適性に基づき組織編成において会社が行うが、次の事情があるときは変更することがある。ただし、変更については、昇格審査委員会の認定による。
(1) 組織運営上の必要があるとき。
(2) 人材育成上の必要があるとき。
(3) 本人からの希望があり、その必要性および適性が認められるとき。

11．昇格審査委員会

昇格・降格および職群の変更の審査認定を行う機関として昇格審査委員会を設ける。

なお、昇格審査委員会の詳細については、別に定める「昇格審査基準手続」による。

12．昇降格発令時期

昇降格は、原則として定期人事異動の日付で発令する。ただし、会社が必要と認めた場合には、この時期以外においても発令するこ

とがある。

13. 諸規定への適用開始時期

昇降格後の資格の第2条に定める諸規定への適用は、原則として発令の給与月度から開始する。

14. 関係書類の保管

この規定の関係書類はすべて人事グループで保管する。

15. 付　則

(1) この規定の改廃については、労働組合の意見を聴取し、役員会で決定する。
(2) この規定は〇年〇月〇日に制定し、〇年〇月〇日より実施する。
(3) この規定は〇年〇月〇日に改定し、〇年〇月〇日より実施する。

別表 1　資格制度の構成

資格		職群					昇格基準年数	新卒初任格付
資格等級	職位(資格呼称)	管理職群			専門職群	専任職群		
		職能階層	部管理	対応役職 (G管理 / P管理)	職能階層	職能階層		
g	理事	管理職能	部長	マネージャー / リーダー	専門職能	専任職能	—	
f	参与				専門職能	専任職能	3年	
e	副参与	管理職能	長	マネージャー / リーダー	専門職能	専任職能	3年	
d	参事	準管理職能		リーダー / リーダー			3年	
c	参事補	準管理職能		リーダー / リーダー	準専任職能		3年	
b	主事							
a	主事補						3年	
3		基礎職能					4年	大学・修士卒
2							2年	短大・専門卒
1							2年	高校卒

※管理職群の対応役職区分
　部管理─部単位の組織を統括・管理する職責
　G管理─グループ単位の組織を統括・管理する職責
　P管理─プロジェクトを統括・管理する職責
※修士卒の昇格基準年数は2年

資格制度規程

別表2　資格基準

資格等級	職位	資格定義（職務レベル）	資　格　基　準
g	理事	経営補佐職務	・全社的視野から経営層のサポートをすることができる。 ・全社の中・長期経営計画の企画・立案において重要な役割を担うことができる。 ・経営方針に基づき、本部または事業部単位の組織の部門方針を企画・立案・決定することができる。 ・本部または事業部単位の組織を統括・管理することができる。 ・全社内および社外との渉外調整業務ができる。 ・担当組織（部単位）に所属する部下の掌握・管理・能力開発、および適切な権限委譲をすることができる。
g	理事	高度専門職務	・社外にも通用する高度の専門知識・技術・経験に基づき、全社的な視野から、新製品・技術・システムを企画・開発し、新市場・新分野・新機能を開拓することができる。 ・高度な専門的業務に関して、社外の人間に対しても指揮・指導をすることができる。
g	理事	高度専任職務	・豊富な経験と実績に基づき、他の規範となる卓越した実務知識・技術を応用し、本部または事業部単位の組織の高度な業務推進をすることができる。
f	参与	統括・調整職務	・経営方針に基づき、部単位の組織の部門方針を企画・立案・決定することができる。 ・部単位の組織を統括・管理し、かつ本部または事業部単位の組織の統括・管理を補佐することができる。 ・他部門・社外との渉外調整業務をすることができる。 ・担当組織（部単位）に所属する部下の掌握・管理・能力開発、および適切な権限委譲をすることができる。
f	参与	高度専門職務	・社外にも通用する高度の専門知識・技術・経験に基づき、全社的な視野から、新製品・技術・システムを企画・開発し、新市場・新分野・新機能を開拓することができる。 ・高度な専門的業務に関して、下級職位社員の指揮・指導をすることができる。
f	参与	高度専任職務	・豊富な経験と実績に基づき、他の規範となる卓越した実務知識・技術を応用し、部単位の組織の高度な業務推進、および他部門の支援をすることができる。
e	副参与	上級管理・企画職務	・経営方針に基づき、部単位の組織の部門方針を企画・立案・決定することができる。 ・部単位の組織を統括・管理することができる。 ・他部門・社外との渉外調整業務ができる。 ・担当組織（部単位）に所属する部下の掌握・管理・能力開発、および適切な権限委譲をすることができる。
e	副参与	上級専門職務	・社内で第一級の高度な専門知識・技術に基づき、新製品・技術・システムを企画・開発し、新市場・新分野・新機能を開拓することができる。 ・高度な専門的業務に関して、下級職位者の指揮・指導をすることができる。
e	副参与	上級専任職務	・豊富な経験と実績に基づき、他の規範となる卓越した実務知識・技術を応用し、部単位の組織の高度な業務推進をすることができる。
d	参事	管理・企画職務	・部単位の組織の統括・管理の補佐業務をすることができる。 ・部門方針に基づき、グループ単位の方針を企画・立案・決定することができる。 ・グループ単位の組織を統括・管理・運営することができる。 ・担当組織（グループ単位）に所属する部下の掌握・管理・能力開発をすることができる。
d	参事	専門職務	・高度な専門知識・技術に基づき、新製品・技術・システムを企画・開発し、新市場・新分野・新機能を開拓することができる。 ・専門的業務に関して、下級職位者を指導することができる。
d	参事	専任職務	・豊富な経験と実績に基づき、優れた実務知識・技術を応用し、グループ単位の組織の高度な業務推進をすることができる。
c	参事補	初級管理・企画職務	・グループ単位の組織の統括・管理・運営の補佐業務をすることができる。 ・管理職能社員のサポート・補佐・代行業務をすることができる。 ・チーム単位の組織を管理・運営することができる。 ・担当組織（チーム単位）に所属する部下の指導・能力開発をすることができる。
c	参事補	初級専任職務	・上長の包括的な指示の下に、経験と実績に基づく実務知識・技術を活用し、高度な業務を推進することができる。 ・所属する組織の下級職位者に対し、指導・育成をすることができる。
b	主事	判断・指導・監督職務	・チーム単位の組織を管理・運営することができる。 ・所属する組織の下級職位社員に対し、日常的な業務全般について、指導・援助することができる。
a	主事補	判断・指導職務	・上長の包括的な指示の下に、担当する業務全般に関し、状況変化に対応しながら、独力で完全に遂行することができる。 ・所属する組織の下級職位社員に対し、一定範囲の業務に関し、指導・援助することができる。
3		複雑定型職務	・上長や上級職位社員の一般的な指示の下に、複雑な定型業務を、状況変化に対応しながら、独力で完全に遂行することができる。 ・所属する組織の下級職位社員に対し、一般的な定型業務・作業に関し、援助することができる。
2		一般定型職務	・上長や上級職位社員の一般的な指示の下に、一般的な定型業務を独力で遂行することができる。
1		定型補助職務	・上長や上級職位社員の具体的な指示・指導・監督の下に、あるいはあらかじめ定められた手順・手続きに基づいて、定型的な業務の補助的な業務を遂行することができる。

社員実力等級制度規程

(M株式会社　製造・従業員130名)

第1章　総　則

(目　的)

第1条　この規程は、就業規則に基づき、当社における実力等級制度およびその取扱基準を明確にし、公正な人事管理を行うことを目的とする。

(実力等級の定義)

第2条　この規程に基づく実力とは、成果を生み出す能力のことをいい、社員の生み出す成果により等級を定め処遇に反映する。

(適用範囲)

第3条　この規程は就業規則第2節の手続を経て、雇用された正社員、試用社員に適用する。

(職位との関係)

第4条　この規程に定める実力等級は就業規則第3条の職制上の職位とは直接関係するものではない。

したがって、上位等級者が下位等級者に、あるいは上位等級者が職制上の管理職に対して、実力等級に基づいて業務上の指導、指示命令をなすことは出来ない。

職位と実力等級の関係は、「別表3」のとおりとする。

(社員の心得)

第5条　1．社員は、会社が実施する実力等級制度の円滑な運営と、社員の知識、技能向上のための教育訓練に積極的に参加しなければ

ならない。

2．社員は、実力等級制度の目的をよく理解し、常に知識を高め、技能を練磨するように努めなければならない。

第2章　実力等級の種類

（等級の順位）

第6条　この規程による実力等級の区分は次に挙げるとおりとする。

本社・営業所・事業所	工　場
1等級	1等級
2等級	2等級
3等級	3等級
4等級	4等級
5等級	5等級
6等級	－

（実力等級基準）

第7条　前条に定める実力等級基準は、本社・営業所・事業所勤務者については「別表1」、工場勤務者については「別表2」のとおりとする。

（新入社員の格付け）

第8条

1．新卒社員の格付けは、本社、営業所、事業所配属者は6等級、工場配属者は5等級の実力等級とする。

2．中途社員には、本人の経歴、知識、技能、経験などを総合的に勘案し、その実力に応じ、在職者との均衡を図り、決定する。

第3章　昇格・降格

（昇　格）
第9条　1．昇格は、「別表1」および「別表2」の実力等級基準に照らし、各人の業績、勤務成績および人事考課に基づき公正な審査の上これを決定する。

　2．昇格は、部門長が次項の昇格要件に基づき、昇格対象者を管理部長に推薦し、実力等級審査会が審査し、その審査に合格した者とする。

　3．昇格要件は、過去2年間の人事考課で2年連続A評価以上の者、または直近1年間の評価がSの者。ただし、6等級および工場勤務者の5等級は直近1年間の評価がA以上の者とする。

（降　格）
第10条　1．降格は、部門長が次項の降格要件に基づき、降格対象者を管理部長に申し出し、実力等級審査会が審査し決定する。

　2．降格要件は、過去2年間の人事考課で、部門評価および業績評価が2年連続C評価以下の者、または直近1年間の部門評価および業績評価がD評価の者。

　3．前項の対象者は、原則として本社、営業所および事業所に勤務する1〜3等級社員、および工場勤務者の1・2等級社員とする。

　4．前各項の他に就業規則第119条、第120条に該当する事項があったとき。

（特別昇格）
第11条　1．第9条に定める者の他、次の各号に該当する場合で特に必要と認められた者については、昇格要件によらず臨時に昇格させることがある。

(1)　会社に多大な利益創出の研究、開発等を成し、加えて知識、経験、能力、勤務成績が特に優秀と認められる場合。

　(2)　中途採用者で、特に昇格の必要があると認められる場合。

　(3)　業務上の都合で休職させた者が復職し、昇格の必要があると認められる場合。

　2．管理部長が対象者を選抜し、実力等級審査会が審査し決定する。

（実力等級審査委員会）

第12条　1．昇格および降格の審査を行うために、取締役会メンバーを委員として構成する実力等級審査委員会を設ける。

　2．前項による委員会には、必要に応じ経営会議メンバー以外の管理職を出席させることがある。

（降格・昇格の時期）

第13条　会社は毎年4月に昇格・降格を行う。

（昇格の取消し）

第14条　昇格に伴い職務の変更、その他人事異動を命ぜられ、社員が正当な理由なくこれを拒んだとき、その他これに準ずる不都合のあるときは、昇格を取消すことがある。

第4章　適用除外

（休職期間中の取扱）

第15条　社員が就業規則第23条および第24条により休職した期間は、この規程に定める考課期間から除外する。

付　　則

　1．この規程は、平成〇年〇月〇日〜施行する。

別表1　実力等級基準（本社・営業所・事務所）

等級	実 力 基 準	職務レベル
1	会社全体の現状（利益構造、競合、強み／弱みなど）を本質的なレベルで把握している。 　会社の業績を左右するような中長期的テーマに取り組み、着実に具体的な成果を出している。利益を出す仕組みを作り出し、事業展開をリードしている。	リーダーレベル 経営上重要なプロジェクトを抱えている。
2	経営目標・課題に対して、現実的な独自案を会社の現状と外部最新動向を踏まえて立案している。 　目標達成のために、実施のイニシアティブをとり、確実に推進し、安定的な成果を出している。 　担当業務を顧客（社内顧客を含む）、マーケットに対して革新性のある付加価値化を図っている。	リーダーレベル 部門の重要なプロジェクトを抱えている。
3	部門目標・課題に対して、自分の果たすべき役割を考え、具体的に計画を立案・実行し、上位者や他部門を巻き込みながら、成果を出している。担当業務の本質を理解し、柔軟な発想をもって、効果的な打開策を練り、実行している。 　高度知識・技術を下位者に伝達し、チームメンバー内の業務のレベルアップを図っている。	リーダーレベル 高度な専門知識・技術をもとに、非定型業務を多く抱えている。
4	部門目標・課題と担当業務との関係を理解し、目標達成・課題解決のために、自ら行動計画を立て、仕事のレベル・知識・スキルを向上させながら、成果を出している。 　担当業務についての問題意識を常に持ち、改善や解決案を自ら講じて、確実に実行している。 　自主的かつ積極的な業務への関わりにより、自部門だけでなく、他部門からも信頼されている。	サブリーダーレベル 定型業務中心だが自ら効率的な業務方法をデザインしている。
5	担当業務を、主体的、効率的かつ正確に遂行している。 　担当業務に対する基本的知識・スキル・遂行方法・マナーを備えている。	担当者レベル 大半が定型業務
6	具体的な指示を受けながら、定型業務を処理している。	補助者レベル 定型業務を担当

社員実力等級制度規程

別表2　実力等級基準（工場）

等級	実　力　基　準	職務レベル
1	目標達成のために、実施のイニシアティブをとり、確実に推進し、安定的な成果を出している。担当業務を顧客（社内顧客を含む）、マーケットに対して革新性のある付加価値化や効率化を図っている。	リーダーレベル 経営上重要なプロジェクトを抱えている。
2	部門目標・課題に対して、自分の果たすべき役割を考え、具体的に計画を立案・実行し、上位者や関係部門を巻き込みながら、成果を出している。工場全体の収益に影響する効率化・付加価値化を図っている。	リーダーレベル 高度な専門知識・技術をもとに、非定型業務を多く抱えている。
3	担当業務についての問題意識を常に持ち、改善や解決案を自ら講じて確実に実行している。自主的かつ積極的に業務に関わり、また関係部門の要望を先取りした対応を心がけ、信頼されている。高度な知識・技術を下位者に伝達し、工場内の業務レベルのアップを図っている。	サブリーダーレベル 高度な能力を必要とする作業を中心とし、定型作業も同時に行っている。
4	担当業務を、主体的、効率的かつ正確に遂行している。担当業務に対する基本的知識・技術・作業遂行方法・マナーを備えている。	担当者レベル 定型作業中心で、ある程度高度な作業をこなしている。
5	具体的な指示を受けながら、定型業務を処理している。	主として定型作業を担当。

別表3　実力等級と役職との関係

1　本社・営業所・事業所

実力等級	管理職位 (部門名に合わせた役職)		専任職位 (社内外呼称のための役職)	
1	－		－	
2	部　　長	所長　室長　工場長	副　部　長	－
3	マネジャー　課長			副課長　次長　係長　主任
4	－		－	
5・6	－		－	

2　工　場

実力等級	管理職位 (部門名に合わせた役職)	
1		－
2	工場長　課長	
3		職　長
4	－	

資格等級制度規程

(○株式会社　金融・従業員300名)

(規程の目的)

第1条　この規程は、資格等級制度(以下「資格制度」という。)の考え方と、仕組みおよび運用上の諸基準について定めたものである。この規程に基づき、能力主義人事管理の中心である資格制度が適正に理解され、公正な運用と多角的な活用がなされることをねらいとしている。

第1章　資格制度の考え方と仕組み

(職能の考え方ととらえ方)

第2条　1．資格等級制度は、職務遂行能力(以下「職能」という。)を基準とする段階区分制度である。

2．職能は、会社が必要としている仕事を成し遂げる能力である。職能は、次のようにしてとらえられる。すなわち、どの程度のむづかしさの仕事が、どの程度の習熟で遂行できる能力を持っているかである。

3．職能は、より具体的には、①専門的知識、業務知識および技能②問題解決能力(判断力、企画力、交渉力、指導力等)および③業務経験(キャリア＝仕事とその経験年数)でとらえる。

4．さらに、職能は、①業務において発揮された能力として　②業務経験と学習とにより習得され、蓄積された能力とにおいてとらえる。

(資格制度の仕組み)

第3条　1．資格制度は、職能を基準にして、次のように構成されている。

　⑴　資格＝職能の質的違いを基準にして、職能を大きく5つの段階に区分する。これが資格である。

　⑵　等級＝同一資格内における、経験的（量的）違いを基準にし、資格の効率的運用を考慮して、各資格内をさらに2～3区分している。これが等級である。

2．資格別の職能内容（資格定義）は、次のとおりとする。なお、（　）内は、資格に付された呼び名、および略号である。

　①　経営、統轄職能　　（ゼネラル・マネージャー職能＝GM）
　②　計画、管理職能　　（マネージャー職能＝M）
　③　実行企画、指導職能　（リーダー職能＝L）
　④　熟練、応用職能　　（シニア職能＝S）
　⑤　基礎実務職能　　（ジュニア職能＝J）

3．等級は資格別に次のとおりである。

　GM（ゼネラル・マネージャー）＝2等級
　M（マネージャー）＝2等級
　L（リーダー）＝2等級
　S（シニア）＝2等級
　J（ジュニア）＝3等級

4．資格制度の全体像フレームは、別表のとおりである。

（資格基準）

第4条　資格別、等級別基準は、①その大要は、「資格定義」に示されたとおりである。②さらに、具体的には、組織部門別に、現在あるどういう仕事がどの程度の習熟できることなのかを明らかにすることによって、資格基準を定める。

第2章　初任格付

（初任格付基準）

第5条　社員として入社した者は、全員いずれかの資格・等級に格付される。

(1) 新規学卒者について＝学歴別に、次のとおりに格付ける。

　　高校卒　　　　　　　　J－1
　　短大卒　　　　　　　　J－1
　　専門学校卒（2年制）　J－1
　　大学卒　　　　　　　　J－2

(2) 中途採用者について＝職歴（キャリア）を評価し、既在籍社員とのバランスを考慮して、入社時に仮格付を行い、入社2年以内に本格付を行う。

第3章　昇　　格

（昇格の定義）

第6条　資格あるいは、等級がより上位に任ぜられることを昇格という。

（昇格の方法）

第7条　次の2つの条件をいずれも満たした者を昇格させる。

(1) 昇格候補要件を満たした者
(2) 上記を満たし、昇格審査を受けて審査をパスした者

（昇格候補要件）

第8条　別に定める昇格候補要件を満たした者を昇格候補者とし、昇格審査を受ける有資格者とする。

（昇格審査要件）

第9条　前条の昇格候補者につき、次のような昇格審査を行う。
　(1)　レポート
　(2)　面　接
（昇格の決定）
第10条　前条の昇格審査を経て、役員会において総合的な審議を行い決定する。
（昇格の時期）
第11条　昇格は、原則として、毎年4月1日付をもって行う。
（昇格の特例）
第12条　昇格は、原則として、当規程のルールと基準に基づいて行うが、必要に応じて原則的ルール、基準、時期を超えて、適宜行うことがある。
　2．特例の昇格は、役員会の決定において行う。

第4章　降　　格

（職能の考え方）
第13条　職能には、原則として、降格はない。当社における1年間の職務経験は、仕事に対する習熟を深め、広げ、高める。いわゆる、仕事遂行の専門能力は、確実に高まると考える。
（降格の定義）
第14条　職能資格制度においては、原則として、降格はない。すなわち、資格・等級がより下位に任ぜられることはない。
（降格の条件）
第15条　前条の規程にかかわらず、次の各号の一つに該当する場合には、役員会の決定において降格することがある。
　①　就業規則第40条(3)の懲戒処分を受けたとき。

② 勤務成績、態度が著しく悪いと認められたとき。
③ その他、前条に相当する事実があったとき。

第5章 資格制度と役職制度

（原則的関係）
第16条 資格制度は、社員の能力管理にかかわる制度であり、一方、役職制度は、業務組織の役割分担、配置管理にかかわる制度である、という認識に立ち、原則として、両制度を相互に独立した制度として運用を行う。

（相互対応関係）
第17条 前条の原則を踏まえつつ、両制度を次のような対応関係において運用する。

主　　任　＝Ｓ－１以上の資格・等級在級者から選抜し、命ずる。
店長補佐　＝Ｌ－１　　〃　　　　〃
課長代理
次　　長　＝Ｌ－１　　〃　　　　〃
店長心得　＝Ｌ－１　　〃　　　　〃
課長・店長＝Ｌ－２　　〃　　　　〃
部長・本部長＝ＧＭ－１以上の資格・等級在級者から選抜し、命ずる。

付　則
　この規程は、平成〇年〇月〇日から施行する。

別表　職能資格制度　フレーム

資格・等級		資格定義	運用基準		対応役職基準								昇格審査
			最短昇格年数	対応年令	一般	主任	代理	次長	店長補佐	担当課長	店・課長	部長	
ゼネラルマネージャー GM	2	総括・管理・専門業務政策・統轄能力	年	歳								■	
	1			45~								■	
マネージャー M	2	営業母店・本社部門統轄管理計画・管理能力	5	40~44						■	■		
	1		4	36~39						■	■		審査 ・本部長推薦 ・役員会
リーダー L	2	中間管理指導・実行企画能力	3	33~35			■	■	■	■			
	1		3	30~32		■	■	■	■				審査 ・本部長推薦 ・店　長〃 ・役員会 ・面接テスト
シニア S	2	上級業務熟練・応用能力	2	28~29		■							
	1		2	26~27		■							審査 ・店長推薦 (・課題レポート) ・面　接
ジュニア J	3	中・初級業務基礎実務能力	2	24~25	■								
	2		2	22~23	■								
	1		(2)4	18~21	■								

昇格判定・手続規程

(R株式会社　食品製造・従業員280名)

(判定および手続)

第1条　職能資格等級規程第8条による昇格の判定およびその手続は、この規定の定めるところによる。

(昇格の判定項目)

第2条　昇格の基準となる職務遂行能力と判定項目は、別表「昇格基準」(略) により定める。

なお、内容については次による。

(1) 在級年数

① 職能資格等級1～7等級の者については、必要な最短、最長在級年数を定める。ただし、8等級以上の在級年数および6、7等級の最長在級年数は、設定しない。

② 在級年数の算出の起算は、その職能資格等級発令時からとする。

③ 在級年数には、休職期間を含まない。ただし、会社が認める場合は、この限りではない。

④ 在級年数に1年未満の端数が生じた場合は、その端数は切り捨てる。

(2) 人事考課

① 同一等級における昇格の判定に必要な在級年数期間は、各等級で定める最短昇格基準年数とする。

② 前①で定める期間において、一定基準以上の成績考課および能力考課の評定を得ることを必要とする。

なお、評定の基準は、「人事考課評定結果取扱基準」による。
(3) 小論文およびレポート
　① 小論文およびレポートは、総務部でそれぞれあらかじめ同一の題目を定める。
　② 小論文は7等級在級中、レポートは3等級在級中にそれぞれ作成し、提出は小論文が統括所長、レポートが課・所長宛として随時に提出する。
　③ 前②に伴う面接は、小論文、レポートの提出後の近い時期に行い、内容は題目に添ったものとする。
　④ 面接者は、前③による面接の結果、別紙様式(1)（略）により意見書を作成して総務部長（課・所長は統括所長を経由）宛報告するものとする。

（昇格の判定）
第3条　昇格の判定は、前条に定める各項目に照らし、その能力、適格性を総合的に判定する。

（昇格の申請）
第4条　1　総務部長は、前条により昇格候補者を選定し、別紙様式(2)（略）により社長宛申請する。
　2　前項の選定に当たっては、必要あるときに統括所長の意見を聞くものとする。

（昇格の認定）
第5条　昇格の認定は、社長がこれを行う。

（自動昇格）
第6条　1等級および2等級に格付けされた社員は、原則として次に定める在級年数を経た場合、自動的に一等級上位の職能資格等級に格付けする。

ただし、この場合の昇格は3等級までとし、格付けは統括所長の承認を得るものとする。

(1)　1等級から2等級への昇格　1等級在級が2年

(2)　2等級から3等級への昇格　2等級在級が2年

（昇格の時期）

第7条　昇格は、毎年6月1日付けで行う。

付　　則

この内規は、平成○年○月○日から施行する。

幹部職・一般職昇格取扱規程

（K株式会社　精密機械・従業員320名）

幹部職昇格取扱規程

第1章　総　則

第1条（総　則）

　職能給規程第15条の昇格で幹部職については、すべてこの規程の定めるところによる。

第2条（定　義）

　幹部職には管理職と専門職を含む。

　ただし、幹部職とは一般職と対応する職能資格上の職層区分をいう。

第3条（昇格の条件）

　一般職4等級（職級4級）および幹部職1等級、2等級、3等級（職級6、7級、8級）の在籍者にて、それぞれ11号に到達（到達見込者を含む）していなければならない。

　ただし、一般職5等級（職級5級）の在籍者と特に職能の向上が顕著な場合はこの限りでない。

第4条（推薦者、検討者、決定者）

　昇格の推薦者、検討者、決定者は次のとおりとする。

対　　象	推薦者	検討者	決定者
一般職1等級へ昇格	担当部門長	役　員	社　長
一般職2等級へ昇格	〃	〃	〃
一般職3等級へ昇格	〃	〃	〃
一般職4等級へ昇格	役　員	〃	〃

第5条（昇格推薦）

　前条の条件を満たしている者について総務部長は、毎年1月10日より15日までの間に第4条の推薦者宛その氏名を通知する。

　通知された推薦者は、本人の職能・パーソナリティ査定表に定める基準を客観的に絶対考課し、昇格妥当と認めた場合、昇格推薦を行う。

第6条（特　例）

　前条の推薦者、検討者の職位が空席または対象社員の職能とパーソナリティーの査定が十分に出来ない立場にある場合は、実質的に査定可能な管理者に査定させる。

第7条（査定評価）

　昇格査定は、査定項目ごとにA、B、Cの3段階にて評価し、Aは「秀れている」、Bは「普通」、Cは「劣る」、とし、それぞれの評価点を3点、2点、1点とし、これに職級別のウエイトを乗じて計算された得点による。

第8条（推薦合格点）

　各職級ごとの昇格推薦合格点は下記のとおりとする。

対　　象	合格点
4級在籍者	85点
5級在籍者	85点
6級在籍者	90点
7級在籍者	95点
8級在籍者	100点

第9条（検討・決定）

　昇格推薦がされた場合、検討者は十分にその内容を審査し、昇格または保留の結果を2月末日までに総務部長へ通知する。

　なお、総務部長は昇格の決定については決定者の決裁がなければ

ならない。

第10条（査定心得）
　推薦者、検討者、決定者は査定に当たり個人感情を排除し、冷静かつ厳格に査定しなければならない。

第11条（昇格取扱）
　昇格は4月1日付を原則とし、号数は直近上位職級の1号とする。

第2章　附　　則

第12条（実施）
　本幹部職昇格取扱規程は、平成〇年〇月〇日より実施し、それまでの幹部職昇格取扱に関する規程などは一切無効とする。

幹部職　職能・パーソナリティー査定表

昇格推薦	職級	
適格者	氏名	

	査定項目	評価	ウエイト				採点
			6級	7級	8級	9級	
創意的職能	①問題意識 概要　現状に安住せず常に問題意識をもっていたかどうか。 着眼点　思考力，分析力，先見力，洞察力，原価意識なども含まれるが，一つの現象が将来生ずるであろう種々の問題点を予見，または現在の推移の状況より核心となる問題点を分析し得るかどうか。自己の経験とカンのみに頼るのではなくて，合理的，計数的に，かつ柔軟に物事を思考可能かどうか。本人の問題提起の有無，多少，その内容の妥当性，価値性はどうか。		3	4	5	6	
	②創造力 概要　本人の関係する業務の生産性向上に関し，従来の思考手法にとらわれずに新しい製品なりシステムを生み出すことができたかどうか。 着目点　上司より指示された作業の進め方やその結果，または会議や打合せにおける本人の発言提案の内容にみるべきものがあったかどうか。単なるその場限りの思いつきと創造力とを混同してはならない。		4	4	3	2	
人間関係職能	①対人理解力 概要　人間に対する幅広い理解力をもっているかどうか。 着眼点　自分自身の長所短所を正しく認識していて，自分の好み価値観，先入観を断ち切り，相手にフランクに対応していたかどうか。対人理解の程度としては批評的レベル，同情的レベル，共感的レベルの3段階があり，共感的レベルが最も好ましい。		3	3	2	1	
	②説得力 概要　相手を説得する場合の話し方，方法などはどうであったか。 着眼点　唯我独尊ではなく，上司，同僚，部下，下級者の協力を受けて，よりよく業務を遂行するための相手に対する働きかけの場合，その方法，説明，または説得が有効適切であったかどうか。とくに利害が対立している場合の相手に対する説得の仕方，方法は，妥当であったかどうか短絡的判断をせず，人を見て法を説くことができるかどうか。		2	2	3	3	
	③指導統率力 概要　部下または下級者をして組織目標を結集させ，業務向上に寄与しめる能力のこと。 着眼点　幹部職として不可欠のスキルである。部下または下級者の仕事ぶりが良いときは率直に賞め，悪い場合は厳しく叱るか注意することができるかどうか。また部下または下級者が本人と異なる意見を提示した場合でも，これを無視せず聴く耳をもつ抱擁力があるかどうか。		5	4	4	3	

（つづく）

	査定項目	評価	ウエイト				採点
			6級	7級	8級	9級	
業務的職能	①知識 概要　幹部職にふさわしい幅広い知識を有しているかどうか単に自己の担当する業務に関する専門知識のみならず政治，経済，社会文化などが偏向を避けて吸収されているかどうか。		3	2	2	1	
	②企画力 概要　示された課題を実務の次元に具体化したり，目標達成の手順，方法を具体的に立案，計画し得る能力のこと。 着眼点　本人より提出された企画内容は常に5W1Hの原則を守り，かつその内容が指示の目的や指示者の意図を十分に備え，ムダ，ムラ，ムリ，などどうであったか。 その企画の実行可能性はどうであったか。		2	3	3	3	
	③統制力 概要　計画の実績をスムーズにするためのコントロール能力をいう。 着眼点　計画通り業務が遂行しない場合，その原因を具体的に把握できると共に，阻害要因を調整し，改善，改革を進めることができたかどうか。		2	2	3	3	
	④表現力 概要　自己の意見または提案を文章または言語にて明快に表現する能力のこと。 着眼点　文章の構成や話法に整合性があり，論旨が明快であったかどうか。ムダな表現，稚拙な用語，言語はなかったかどうか。逆に必要以上に難解な表現を用いることはなかったか。		4	4	3	2	
パーソナリティー特性	①自己実現要求 概要　自己の人間性を高めたり，より良い仕事をするための具体的欲求の高さをいう。 着眼点　ヤル気とか探究心などの言葉で表現されるが要するに仕事に取り組む基本的姿勢で常に高い目標を自ら設定しそれにチャレンジしていたか。		3	3	3	4	
	②精神的耐性 概要　困難な状況において目標達成に邁進し得る精神的強さをみる。 着眼点　粘りづよさ，忍耐力などと同義語であり，精神の集中力と持続力の如何はどうであったか。自己の感情の抑制力はどうか。一喜一憂せず冷静を維持しながら，かつ明朗であったかどうか。特に，すぐ言い訳するようなことはなかったか。		3	3	3	4	
	③成熟度 概要　精神的に成長した人物であるかどうかの度いのこと。 着眼点　話題の選び方，話し方，表情のとり方，動作，挙動などに洗練された品性を保有しているかどうか。 幹部職らしさを身につけていて，粗野な言動はなかったか。また，必要以上に卑屈になったり，逆に尊大になるようなことはなかったか。特に変化に対応する精神的柔軟性はどうであったか。		2	2	2	4	
			得点合計				点

幹部職・一般職昇格取扱規程

各査定者は，それぞれの欄に査定についての意見を記述してください。

推薦者	1. 役職氏名　　2. 推薦年月日　　3. 検討者への申請年月日 4. 昇格推薦または不可の区分とその理由 5. 今後の指導の重点
検討者	1. 役職氏名　　2. 検討年月日　　3. 決定者への申請年月日 4. 推薦または不可の区分とその理由 5. 推薦者に対する指示事項
決定者	1. 役職氏名　　2. 決定年月日　　3. 総務部への通知年月日 4. 昇格または保留の区分とその理由 5. 推薦者，検討者への指示事項
備考	

一般職昇格取扱規程

第1章 総　則

第1条（総　則）

　職能給規程第15条の昇格で一般職については、すべてこの規程の定めるところによる。

第2条（昇格の条件）

　一般職1等級、2等級、3等級、4等級（職級1級、2級、3級、4級）の在籍者にて、それぞれ11号に到達（到達見込者を含む）していなければならない。

　ただし、特に職能の向上が顕著な場合はこの限りでない。

第3条（昇格推薦）

　前条の条件を満たしている者について総務部長は、毎年1月10日より15日までの間に第4条の推薦者宛その氏名を通知する。

　通知された推薦者は、本人の職能と等級説明書に定める職能基準を客観的に絶対考課し、昇給妥当と認めた場合、昇格推薦を行う。

第4条（推薦者、検討者、決定者）

　昇格の推薦者、検討者、決定は次のとおりとする。

対　　象	推薦者	検討者	決定者
一般職2等級へ昇格	部門長	担当部長	社長
一般職3等級へ昇格	〃	〃	〃
一般職4等級へ昇格	〃	〃	〃
一般職5等級へ昇格	〃	〃	〃

　部門長とは、直接部下を管理監督する職位にある幹部職の管理者とする。

第5条（特　例）

　第4条の推薦者、検討者の職位が空席または対象社員の職能査定

が十分にできない立場にある場合は、実質的に査定可能な管理者（一般職で所属長を代行している者を含む）に査定させる。

第6条（検討・決定）

　昇格推薦がされた場合、検討者は十分にその内容を審査し、昇格または保留の検討結果を2月末日までに総務部長へ通知する。

　なお、総務部長は昇格の決定については決定者の決裁を受けなければならない。

第7条（査定心得）

　推薦者、検討者、決定者は査定に当たり個人感情を排除し、冷静かつ厳格に査定しなければならない。

第8条（昇格保留）

　昇格が不可能の場合、推薦者はその理由を対象社員に説明し、職能の向上について指導を行なうものとする。

第9条（昇格取扱い）

　昇格は4月1日付を原則とし、号数は直近上位職級の1号とする。

第2章　附　則

第10条（実　施）

　本一般職昇格取扱規程は、平成〇年〇月〇日より実施し、それまでの一般職昇格取扱に関する規程などは一切無効とする。

一般職　職能査定昇格推薦書

昇格推薦適格者	所　属		現等級		氏　名	

推薦者	1. 役職氏名　　2. 推薦年月日　　3. 検討者への申請年月日 4. 昇格推薦または不可の区分とその理由 5. 今後の指導の重点
検討者	1. 役職氏名　　2. 検討年月日　　3. 決定者への申請年月日 4. 推薦または不可の区分とその理由 5. 推薦者に対する指示事項
決定者	1. 役職氏名　　2. 決定年月日　　3. 総務部への通知年月日 4. 昇格または保留の区分とその理由 5. 推薦者，検討者への指示事項
備考	各査定者は，それぞれの欄に査定についての意見を記述して下さい。

職能資格等級規程運用細則

(H株式会社　製造・従業員1,000名)

昇格基準と運用要領

第1章　総　則

第1条（目　的）

　この規程は、職能資格等級規定の厳正かつ公平な昇格運用を行うために、職能資格等級規定第12条（昇格の基準）の「昇格基準と運用」について定める。

第2条（昇格原則）

　職能等級における昇格原則を次のとおり定める。

(1) クリア方式とチャレンジ方式

　① クリア方式

　　　在籍する等級の職能要件を十分に満たしたことが認定されることによって、上位等級へ昇格させる方式。

　② チャレンジ方式

　　　在籍する等級の職能要件を十分に満たしているうえに、上位等級の期待し、要求される職能要件も満たしうると事前認定されたときに、昇格させる方式。

(2) 昇格等級との対応

　　クリア方式またはチャレンジ方式による能力認定と昇格等級の対応関係は、「昇格要件と昇格基準表」（表1）のとおりとする。

第3条（昇格要件と基準）

　職能要件における昇格要件と基準は、これを絶対、認定および審

査の各要件と基準に区分し、「昇格要件と昇格基準表」（表1）に定める。
(1) 絶対要件と基準
　　この要件と基準を満たすことによって昇格候補者となり、認定要件の受験資格を持ち、役員会または人事部（または総務部）の審査を受けることができる。
(2) 認定要件と基準
　　昇格候補者が上位等級に昇格するために満たすべき能力要件であり、役員会または人事部（または総務部）において、昇格認定を行う時の認定基準となるものである。
(3) 審査基準
　　役員会または人事部（または総務部）が審査を行う際の基準であり、審査基準は「絶対要件と基準」および「認定要件と基準」の達成度、充足度を総合的に判断して決めるものとする。

第2章　絶対要件と基準

第4条（絶対要件と基準）
1　昇格候補者になるために満たすべき要件と基準であり、これを達成し、充足していることによって、役員会または人事部（または総務部）の適格総合審査を受けることができる。
2　その内容は最短年数、および人事考課によって構成する（表1参照）。

第5条（最短昇格年数）
　当該等級の最短昇格年数を満たすことが、昇格候補者になるための絶対基準である。

第6条（人事考課）

1　昇格への活用を目的とした総合査定（考課総合）よって、絶対要件としての人事考課基準を定める（表1参照）。

2　当該等級に定める人事考課基準を満たすことが、昇格候補者になるための絶対条件である。

3　人事考課では、これを人事考課規定および査定マニュアルとして別に定める。

第7条（昇格候補者）

1　最短年数および人事考課の各絶対要件と基準を満たした者を、人事部（または総務部）は昇格候補者と認め、昇格申請書に必要事項を記入のうえ、認定要件の受験手続きと役員会または人事部（または総務部）の審査手続きをとるものとする。

2　この場合、上司推薦が得られなかった者についても、昇格候補者と見なし、役員会又は人事部（または総務部）へ審査の手続きをとるものとする。

第3章　認定要件と基準

第8条（認定要件と基準）

1　昇格候捕者が上位等級に昇格するために満たすべき要件であり、役員会または人事部（または総務部）における総合審査の認定基準となるものである。

2　その内容は、上司推薦、昇格試験（筆記試験・論文審査）によって構成する（表1参照）。

第9条（上司推薦）

1　部下を上位等級に昇格させるための認定要件として、上司推薦制度を採用する。

2　人事部（または総務部）は、最短年数と人事考課基準を満たし

た者を昇格候補者とし、昇格申請書の社内経歴、在級年数、人事考課、修得能力の認定欄等の所定事項を記入し、各所属長に提出する。

3　各所属長は昇格申請書の「昇格についての上司所見、上司推薦」欄に所定事項を記入のうえ、人事部（または総務部）に回付するものとする。

(1)　当該等級の職能要件に照らして、「部下の能力や要件が基準を十分に満たしているのか、あるいは不足しているのか」を判断して記入する。

(2)　本人の職務基準に照らして、「職務の遂行度・達成度が、期待水準を超えていたか否か」を判断して記入する。

(3)　本人の体力と気力が、「期待水準を満たしているか否か」を判断して所見を記入する。

4　上司推薦者は、昇格候補者を認定するため、次の諸点に留意するとともに、厳正にしてかつ公平でなくてはならない。

(1)　上司は、部下の職務活動、具体的事実そして資料に基づいて適否判断をし、好悪意、同情あるいは偏見に左右されてはならない。

(2)　上司は、周囲に対する妥協や部下に対する思惑を排し、自らの信念に基づく適否判断をしなければならない。

第10条（昇格試験）

　筆記および論文によって、人事考課では把握しえない領域の習得要件の充実度の確認、さらに上位等級で必要とする習得要件の保有度の事前評価のために、昇格試験を実施する。

第11条（社内経歴）

1　人事部（または総務部）は、昇格候補者の社内経歴（転勤、異

職種経験等）を申請書に記録し、役員会または人事部（または総務部）での総合審査資料とする。

2　社内経歴として認定できる期間は、満1年以上を原則とする。

第4章　審査基準と昇格

第12条（役員会または人事部（または総務部）と審査基準）

1　役員会または人事部（または総務部）における審査基準は、「絶対要件と基準」および「認定要件と基準」の達成度、充足度を総合的に判断し、昇格者の決定を行うものとする。

2　社内経歴については、昇格の認定基準として十分に考慮し、総合審査を行うものとする。

第13条（昇格決定）

役員会または人事部（または総務部）が昇格者を答申し、社長がこれを決定する。

第14条（昇格発令の時期）

昇格発令は、原則として1月1日とする。

第15条（昇格者への通知）

昇格者へは、昇格辞令の交付と昇格昇給の支給をもって通知する。

付　　則

この規程は、平成〇年〇月〇日より実施する。

表1　昇格要件と昇格基準表

職能	昇格等級	昇格原則 方式	昇格原則 内容	最短年数	絶対要件と基準 人事考課総合	絶対要件と基準 要素別考課	認定要件と基準 上司推薦	認定要件と基準 昇格試験	審査基準
管理職能	M9級 ⇧ M8級	チャレンジ	M8等級の職能要件を満たし、成績優秀であるとともに、M9等級の職能要件を満たし得ると事前認定された者	—	原則として、直近2年の昇格総合考課がⅡ以上の者	すべての考課要素がB以上でかつ、成績考課要素が全てA以上の者	担当役員または部長の昇格推薦を受けた者	—	役員会の適格総合審査に合格した者
管理職能	M8級 ⇧ M7級	チャレンジ	M7等級の職能要件を満たし、成績優秀であるとともに、M8等級の職能要件を満たし得ると事前認定された者	—	原則として、直近2年の昇格総合考課がⅡ以上の者	すべての考課要素がB以上でかつ、成績考課要素がすべてA以上の者	担当役員または部長の昇格推薦を受けた者	—	役員会の適格総合審査に合格した者
管理職能	M7級 ⇧ S6級	クリア	S6等級の職能要件を満たし、成績優秀である者	2年	原則として、直近2年の昇格総合考課がⅡ以上の者	すべての考課要素がB以上でかつ、判断力・指導力がA以上の者	担当役員または部長の昇格推薦を受けた者	管理職能の昇格試験で優秀な成績を修めた者	役員会の適格総合審査に合格した者
指導職能	S6級 ⇧ S5級	クリア	S5等級の職能要件を満たし、成績優良である者	2年	直近2年の昇格総合考課がⅡ以上の者	すべての考課要素がB以上でかつ、能力考課の指導力がA以上の者	課長の昇格推薦を受けた者	—	人事部（または総務部）の適格総合審査に合格し、役員会で承認された者
指導職能	S5級 ⇧ S4級	クリア	S4等級の職能要件を満たし、成績優良である者	2年	直近1年の昇格総合考課がⅡ以上の者	情意考課がすべてB以上でかつ、能力考課の指導力がB以上の者	課長の昇格推薦を受けた者	指導職能の昇格試験で優秀な成績を納めた者 中級試験	人事部（または総務部）の適格総合審査に合格し、役員会で承認された者
指導職能	S4級 ⇧ J3級	クリア	J3等級の職能要件を満たし、成績優良である者	2年	直近1年の昇格総合考課がⅢ以上の者	情意考課がすべてB以上の者	課長の昇格推薦を受けた者	—	人事部（または総務部）の適格総合審査に合格し、役員会で承認された者
一般職能	J3級 ⇧ J2級	クリア	J2等級の職能要件を満たし、誠実勤務である者	2年	直近1年の昇格総合考課がⅢ以上の者	規律性がB以上の者	—	—	人事部（または総務部）の適格総合審査に合格し、役員会で承認された者
一般職能	J2級 ⇧ J1級	クリア	J1等級の職能要件を満たし、誠実勤務である者	2年	直近1年の昇格総合考課がⅢ以上の者	—	—	—	人事部（または総務部）の適格総合審査に合格し、役員会で承認された者

昇格試験実施要領（内規）

第1条（昇格試験の目的）

　この要領は、上位等級への昇格を行うに当たって、現に遂行している業務上必要とする能力の保有度と上位等級に期待される能力をどの程度保有しているかを事前評価し、昇格試験の実施に関し、必要な事項を定める。

第2条（昇格試験の種類と実施する昇格等級）

　昇格試験は、「昇格基準と運用要領」第10条に基づき、Ｓ４等級からＳ５等級、およびＳ６等級からＭ７等級への昇格候補者を対象として、実施する。

第3条（昇格試験の受験資格）

　昇格試験の受験資格は前条に該当する昇格候補者であって、かつ次の要件を満たしている者とする。

(1) その年の4月1日現在で「昇格基準と運用要領」第5条に定める最短昇格年数を経過している者
(2) 昇格基準と運用要領第6条に定める人事考課基準を満たしている者

第4条（受験資格者への事前通知）

　前条の受験資格を取得したことを人事部長（または総務部長）が認定した者に対し、人事部（または総務部）より各所属長を経由して、本人に事前通知する。

第5条（昇格試験の科目、方法および問題作成）

　中級昇格試験の科目と方法は次による。

　(1) 筆記試験
　　① 共通科目………小単位組織を運営するのに必要な計画力、

　　　　　指導育成力課題解決力を問う問題で構成する。
　　② 専門科目………各職種系列ごとに中級指導者として期待される専門的知識、技能を具備しているかを問う問題で構成する。
 2 上級昇格試験の科目と方法は次による。
　(1) 筆記試験
　　① 共通科目………大中単位組織を運営するのに必要な目標設定力、管理指導力、問題解決力を問う問題で構成する。
　　② 専門科目………各職種系列ごとに、上級指導者として期待される専門知識、技能を具備しているかを問う問題で構成する。
　(2) 業務論文
　　経営全体や部門内で取り組んでいる経営課題や重点課題について、その対策や解決策について論述させる。
 3 問題の作成は次による
　　人事部（または総務部）で作成する。

第6条（昇格試験の評価）
 1 配点は、中級試験は筆記試験（実技を含む）の100点満点とし、上級試験については筆記試験50点、業務論文50点の計100点満点とする。
 2 採点結果を次の5段階評価に絶対区分する。
　　100〜86点（S）　昇格試験としては、修得要件を十分満たしている
　　85〜71点（A）　昇格試験としては、標準以上である

70～58点（B）　昇格試験としては、標準である
　　　57～31点（C）　昇格試験としては、標準以下である
　　　30点以下（D）　昇格試験としては、修得要件を満たしていない
　3　採点は、人事部（または総務部）がこれに当たるものとする。
第7条（昇格申請書への記載）
　　昇格試験の採点結果は、昇格申請書に記載し、役員会（または人事部、総務部）の審査に付す。
第8条（昇格試験の主催と事務局）
　　昇格試験の主催と事務手続きは人事部（または総務部）がこれを行う。

付　則

この要領は、平成〇年〇月〇日より実施する。

管理職・指導職規程

第1条（目　的）
　　この規程は、〇〇株式会社（以下会社という）における管理職・指導職者の任用（昇進、異動、配置、降職）についてその基本的事項を定め、公正な人事を行うことを目的とするものである。
第2条（定　義）
　　この定義における管理職・指導職とは主管業務の責任者として会社の方針に基づき、計画を立て、その適切なる運営を図り、自己の主管業務の目標を達成する責任と権限を有する者をいう。
第3条（管理職位・指導職位）
　　管理職位・指導職位は、その職責に応じて次の職位を設ける。

(1) 管理職位　　部長（支店長・工場長）、次長、課長、課長補佐
(2) 指導職位　　係長、主任

第4条（基本職務）

管理職者および指導職者の基本職務は、次のとおりとする。

(1) 管理職者は、主管業務の責任者として経営方針に基づき部門計画を立て、適切かつ効率的に運用を行うことによって、主管業務の目的達成を図る。
(2) 指導職者は、実施業務の責任者として部門方針に基づき実施計画を立て、適切かつ効率的に実行することによって、実務業務の目的達成を図る。

第5条（昇進の原則）

管理職・指導職位への昇進は、職能資格の定めにより対応等級に在籍する者の中から、適任者を任命することにより行う。

第6条（任命基準）

1　管理職の任期は3年、指導職は2年とし、任期満了時に見直しを行うが、再任を妨げるものではない。ただし、傷病その他やむを得ない事由によって解任し、後任者を任命することができる。
2　管理職・指導職の任期、見直し基準とも、それぞれ「管理職・指導職位任命基準」（表2参照）に定める。

第7条（任　命）

1　管理職・指導職位の任命は、辞令を交付して、社長がこれを行う。
2　発令時期は、原則として3月1日付けとする。

付　則

この規程は、平成〇年〇月〇日より実施する。

職能資格等級規程運用細則

表2 管理職・指導職位任命基準

役職	絶対基準		選考基準		見直し基準		審査	決定
	定員	対応等級	人材要件	キャリア要件	期間	判断基準		
部長 (支店長 工場長)	部長職に空席ができたとき 部が新設され、新たに部長職席が設けられたとき	原則として8等級以上の等級に在籍しているもの	社会性、人間的魅力（人柄）、旺盛な責任感、細心の注意力、管理統率力、決断力を有する者	—	3年間とする 再任を妨げない	部の3年間の業績成果（貢献度） 3年間の人材要件の結果 3年間の人事考課の結果	部長・支店長・工場長の任命、見直しともに役員会で審査する	部長・支店長・工場長の任命、見直しともに社長が決定する
次長	次長の必要性を認めたとき 次長職に空席ができたとき 部が新設され、新たに次長席が設けられたとき	原則として8等級以上の等級に在籍しているもの	社会性、人間的魅力（人柄）、旺盛な責任感、細心の注意力、管理統率力、決断力を有する者	—	3年間とする 再任を妨げない	部の3年間の業績成果（貢献度） 3年間の人材要件の結果 3年間の人事考課の結果	次長の任命、見直しともに役員会で審査する	次長の任命、見直しともに社長が決定する
課長 (課長補佐)	課長（課長補佐）職に空席ができたとき 課が新設され、新たに課長（課長補佐）職席が設けられたとき 課長補佐の必要性を認めたとき	原則として7等級以上の等級に在籍しているもの	社会性、人間的魅力（人柄）、旺盛な責任感、細心の注意力、管理統率力、決断力を有する者	—	3年間とする 再任を妨げない	課の3年間の業績成果（貢献度） 3年間の人材要件の結果 3年間の人事考課の結果	課長（課長補佐）の任命、見直しともに役員会で審査する	課長（課長補佐）の任命、見直しともに社長が決定する
係長	係長職に空席ができたとき 新しく係長席を設ける必要が生じたとき	原則として5等級以上の等級に在籍しているもの	指導育成力、判断力、バイタリティー等グループリーダーとして必要な能力を有する者	—	2年間とする 再任を妨げない	担当グループの業績成果 2年間の人材要件の結果 2年間の人事考課の結果	係長の任命、見直しともに人事部（または総務部）で審査する	係長の任命、見直しともに社長が決定する
主任	主任職に空席ができたとき 新しく主任職を設ける必要が生じたとき	原則として5等級以上の等級に在籍しているもの	指導育成力、判断力、バイタリティー等グループリーダーとして必要な能力を有する者	—	2年間とする 再任を妨げない	担当グループの業績成果 2年間の人材要件の結果 2年間の人事考課の結果	主任の任命、見直しともに人事部（または総務部）で審査する	主任の任命、見直しともに社長が決定する

専任職規程

表3　専任職位任命基準

役職	直属役員による申請		選考基準		見直し基準		審査	決定
	上司申請	対応等級	人材要件	キャリア要件	期間	判断基準		
担当部長	直属役員による申請	原則として8等級以上の等級に在籍しているもの	熟達した技術を有し、積極性、渉外力、業務推進力のある者	特定業務における豊かな経験	3年間とする再任を妨げない	担当分野(業務)の3年間の業績　3年間の人材要件の結果　3年間の人事考課の結果	任命および見直しとも役員会で審査する	任命および見直しとも社長が決定する
担当次長	部長による申請	原則として8等級以上の等級に在籍しているもの	同上	同上	同上	同上	同上	同上
担当課長	同上	原則として7等級以上に在籍しているもの	同上	同上	同上	同上	同上	同上
担当課長補佐	同上	同上	同上	同上	同上	同上	同上	同上

資格等級制度運用規則

（S生協　サービス・従業員570名）

第一章　総　　則

（目　的）
第1条　この規則は、S生協で働く職員が、生きがいと働きがいをもって業務を遂行し、生涯を託せるような職場となることを目指すところの、資格等級制度に関して、その基本的な事項を定めるとともに、その適正な運用を図ることを目的として定める。

（資格等級制度）
第2条　資格等級制度は、職員の業務遂行能力（以下「職能」という）の発展段階に応じて適切な等級区分を設定し、これを基に能力の開発と活用、賃金の決定をより効果的に行おうとする制度である。職員一人ひとりの意欲と自発性を引き出し、正しい評価を処遇にも生かすためにも、個別面接制度は重要であり、この資格等級制度の厳格な運用はおろそかにされてはならない。職員全員がこの制度をよく理解し、遵守しながら制度への信頼を高める努力を怠ってはならない。

（適用範囲）
第3条　この規則は、S生協に勤務する常勤役員以外のすべての正規職員に適用する。

（用語の定義）
第4条　この規則で使用する用語の定義は、以下のとおりとする。
　（1）　昇格―――第6条に定める職能資格等級が上の等級へ上がる

こと。
　(2)　昇号―――同一等級内で、職能給の号数が上がること。
　(3)　任用―――内局組織上の職責（ポスト）につくこと。
　(4)　異動―――任用を含めて、職務や勤務事業所が変わることの総称。
　(5)　職務―――経営組織の中で、あらかじめ定められた仕事の任務（ポスト）。
　(6)　職位―――職務が10等級中に占める位置。

（教育の重視）

第5条　資格等級制度を実施するに当たっては、特に教育を重視することとし、等級・職位ごとの教育内容と到達目標を明示した教育体系を別に定める。

第二章　職能資格等級制度

（職能ランクと等級、職群と選択について）

第6条　1　職能の発展段階に応じて、そのランクを4つの職能、10の等級に区分する。
　(1)　統括監督職―――8～10等級
　(2)　企画監督職―――6～7等級
　(3)　訓練指導職―――4～5等級
　(4)　一　般　職―――1～3等級
　各等級の定義は、別に定める。

　2　職能の設定をより総合的に行うために、4等級以上から7等級までについては、マネジメント監督職、スタッフ職、業務専任職の3つの職群で職能を設定整理する。

（資格呼称）

第7条　1　各職能等級ごとに、資格呼称を付与し、日常での使用を認める。ただし、名刺の肩書きについては、職種名と資格呼称の併記を行う。資格呼称は、別表に定める。

（対応職位の範囲）

第8条　1　対応職位は、別表に定める範囲とする。

　2　等級と職位では等級が優先するものとし、対応等級の下限未満の等級にあるものを該当職務につけることは原則として行わない。

　3　ただし、やむを得ない特別な理由により、下位等級から任命せざるを得ない場合でも、等級はそのままとする。

（降格の特例）

第9条　1　この資格等級制度では、処分としての降格以外に原則として降格は行わない。

　2　降格は、重大な規則違反等による制裁処分としてのみ認められる。

　3　降格を行う場合は、原則として1等級下位の同号を適用する。

（職能要件書）

第10条　1　職群・職能ランク別にS生協が職員一人ひとりに期待し要求する能力の内容とその程度を表す職能要件を定める。（職能要件書）

　2　職能要件は、能力の開発、能力の評価、能力の活用および賃金の一部である職能給適用の共通の基準とする。

第三章　人事考課

（考課の目的）

第11条　S生協に勤務する職員の職能および情意、成績について正確に把握して、公正に評価するとともに、個々人の能力開発、業務へ

の取り組み意欲の向上を図り、併せて公正な処遇を行うために実施する。

（考課の活用と対象期間）

第12条　1　考課は半期ごとの到達評価と、2年間の累積評価をもとにした昇格評価を行う。

　　2　人事考課と活用は次のとおりとする。

　　　(1)　4月の到達考課――――夏の一時金考課に活用する

　　　(2)　10月の到達考課――――冬の一時金考課に活用する

　　　(3)　4月、10月の考課の合計――年1回の昇号に活用する

　　　(4)　2年間の累積考課――――昇格判定に活用する

　　3　人事考課対象期間は、次のとおりとする。

　　　　上期　　4月1日から9月30日

　　　　下期　　10月1日から3月31日

（考課の対象）

第13条　すべての職員に対して、その対象期間内における被考課者の業務遂行上の行動のみを対象として、客観的事実に基づいて観察し、分析し、評価する。

（考課の構成内容）

第14条　考課は、次の3種類の構成で行う。

　　　(1)　職能要件に基づいて行われる能力考課

　　　(2)　規律性、責任性、協調性、積極性について評価し、仕事への姿勢やプロセスを見る情意考課

　　　(3)　仕事の質と量を問う成績考課

　　2　それぞれの項目と定義は別に定める。

（定型面接考課と考課者および被考課者）

第15条　1　定型面接考課は、4月と10月の2回行う。対象期間は、

それぞれ10月～3月、4月～9月とする。

2　考課者は原則として、被考課者の直属の上司およびその上司とする。

3　常勤役員・参事を除くすべての正規職員を対象とする。

4　考課者の被考課者への指導期間が2カ月に満たない場合は、前考課者が行う。

（昇格判定考課と考課者）

第16条　1　昇格判定考課は、原則として3月に行い、3月11日付けでの昇格とする。

2　昇格申請者については、過去2年間分の定型面接考課による成績・情意・能力考課を基に昇格判定考課を行う。

（考課の方法）

第17条　1　定型面接考課は必ず当該被考課者本人との直接面接をもって行うものとし、本人の自己評価と考課者の評価をもとに、考課対象期間における自己育成努力の結果の確認、および次期考課期間における努力到達目標を確認しながら行う。

2　考課の方法は、絶対考課とし、成績考課、情意考課、能力考課について行う。

（人事考課の適正公平な運用）

第18条　公正な考課、手順の正確さを期すために、人事考課マニュアルを定めるとともに、考課者訓練を定期的に実施する。

（記録保持と情報の開示）

第19条　昇格および人事考課の記録は、人事教育実務所轄部局が以下の基準で保持する。

　　(1)　昇格の記録――――――入協時から退職時までの全期間保持する。

(2) 考課の結果の開示———考課の結果については情報のフィードバックを行う。

考課結果の本人への伝達を行う。

第四章　昇格審査

第20条　1　毎年度一回、原則として3月11日付けで昇格する。

2　昇格する場合は、原則として1等級上位で、現職能給を超える直近の号に格付けし、昇給号数に応じて額を加算する。

(昇格審査)

第21条　昇格審査は、昇格基準に達したものに対して、以下の方法で実施する。

(1) 自己評価申告

(2) 筆記試験（3等級、4等級、5等級、6等級昇格時）

(3) レポート（7等級、8等級、9等級、10等級昇格時）

(4) 昇格判定考課

(昇格審査の時期)

第22条　昇格審査は、原則として毎年3月に実施し、4月にその結果を公表する。

(受験資格)

第23条　昇格審査を受けようとする者は、以下の条件を満たしていなければならない。

(1) 最短在級年数を経過していること。

(2) 定められた教育終了要件を満たしていること。

(昇格判定)

第24条　1　昇格は、下記の昇格判定基準に基づき、個別に審査して行う。

昇格試験・レポート　⇒　100点満点とする
　　　人事考課　　　　　　⇒　100点をレベルに120点以内
　2　昇格の判定は、学科試験（もしくはレポート）と人事考課の合計で180点とする。

（自動昇格）

第25条　1　1等級に在籍している者で、在籍年数が、高卒で3年、短大卒で2年、大卒で1年に達した場合は、自動的に2等級の1号へ昇格する。ただし、その場合でも教育要件が終了していることを条件とする。

　2　最長在級年数を設定している等級については、その設定年数に到達した者については自動的に上位の等級に昇格する。ただし、その場合でも教育要件が終了していることを条件とする。

　3　最長在級年数の設定は5等級までとする。

（新卒採用者の初任格付け）

第26条　採用者の初任格付けは次のとおりとする。
　(1)　高卒者は、1等級13号に格付けする。
　(2)　短大卒および各種専門学校卒、大学中退の場合は、1等級21号とする。
　(3)　大卒者は、1等級29号に格付けする。
　(4)　大学院卒者は、1等級35号に格付けする。

（中途採用者、移籍者の格付け）

第27条　中途採用者は、新卒初任格付けを行い、1～2年後に厳正な評価に基づいて能力にふさわしい処遇を図る。生協間移籍やスカウトの場合は、前職を参考にして決定する。

（出向者の復帰時格付け）

第28条　出向者の出向期間が終了し復帰する場合は、能力評価を厳正

に行ったうえで格付けし直す。

(昇格審査委員会)

第29条　1　昇格者の判定は、昇格審査委員会で行う。

　　　　2　昇格審査委員会は、常勤理事で構成し、人事教育統括部局が事務局を担当する。

第五章　附　　則

(移行時の臨時処置)

第30条　1　新しい資格等級制度への移行に当たっては、現行資格等級を継続適用し、さらに職責給の見直しに伴う差額については、3年間の期間に限り、月額給の差額補填を行う。

　　　　2　○年4月から○年3月末までの職責変動者については補填を適用する。

　　　　3　○年4月以降は差額手当を廃止する。

(賃金)

第31条　1　等級ごとに賃金表を定め、職能給を支給する。職能給表は別に賃金規則で定める。

　　　　2　職能給は、原則として1年につき3号棒ずつ昇号する。人事考課による昇号の適用範囲は1号から5号とする。

　　　　3　3等級以上へ昇格した場合は、資格給を支給する。資格給は別に賃金規則で定める。

(改廃)

第32条　この規則の改廃は、理事会で行う。

(実施時期)

第33条　○年4月より移行作業を開始し、○年9月11日より実施する。この規則は、○年○月○日より一部改定実施する。

この規定は、〇年〇月〇日より一部改定実施する。

資格等級制度運用規則に関する細則

(目的)
第1条 この細則は「資格等級制度運用規則」の正確な理解と、厳格な運用を行うことを目的とします。
　運用規則を補完するものとし、年度毎の具体的な組み立てを行います。
　また、新しい制度への移行期間対応としても組み立てを行います。
(教育要件)
第2条 資格等級制度の教育要件として、以下のように設定します。
　⑴ 昇格受験条件として単位(ポイント)制を設定します。
　　・1～2等級在級者は8単位以上の取得条件とします。
　　・3～4　　〃　　　10単位　　　〃
　　・5等級以上は　　　12単位　　　〃
　⑵ 昇格受験の必須研修として、通信教育と制度学校を設定します。
　　・1等級在級者は通信教育初級終了と制度学校受講を必須とします。
　　・2等級　〃　　　〃　　　計数初級　　　〃
　　・3等級　〃　　　〃　　　中級　　　　　〃
　　・4等級　〃　　　〃　　　計数管理　　　〃
　　・5等級　〃　　制度学校受講を必須とします。
　　＊通信教育の終了条件は「期限内提出」と「60点以上」が条件です。
　⑶ 昇格受験の必須条件としてレポート指定文献を設定します。

・等級毎にレポート指定文献を設定し、その中から最低1冊を選定してレポートするものとします。

・レポートの内容は、面接や人事考課の際の評価基準に加味します。

（単位認定）

第3条　単位（ポイント）となる研修会は、教育研修パンフレットに掲載されたものとします。

・理念研修など、年度計画として具体化できていない研修も、人事教育部で認定したものを追加できるものとします。

・人事教育部で設定した研修会については、講師も単位取得できるものとします。研修会ごとに人事教育部で単位設定を行います。

・通信教育については、受講終了で1単位。優秀賞以上を受けた場合はさらに1単位とします。終了できなかった場合は単位取得にはなりません。

・指定文献におけるレポート提出も、1レポート＝1単位として認定します。

（取得単位の点数加算）

第4条　必須単位を超えて単位を取得した場合は、筆記試験およびレポートの点数に加算するものとします。

・加算点数は、「超過達成単位（ポイント）の1／3換算」とします（四捨五入計算）。

・筆記試験およびレポートの満点（100点）を超過する場合は、切り捨てとします。

・取得単位は、昇格できるまで保持できるものとします。

（1等級者の自動昇格換算年数）

第5条　1等級在級者の自動昇格換算年数については、以下のように設定します。

　　・大卒1年は「新卒1年間を勤続したこと」とします。
　　・短卒2年は「〃2年間〃」〃
　　・高卒3年は「〃3年間〃」〃
　　・新卒でない採用者については、「中途採用者」と同様とし、個別の等級格付けや、勤続年数の評価見直しを行うものとします。

(昇格審査時期)
第6条　人事考課の実施回数が規則に満たない場合は、年度末2月に試験、3月中旬までに人事考課、3月末に昇格審査、4月初旬に結果発表とします。

(移行時対応として)
第7条　新しい資格等級制度への移行に伴い、移行時措置として以下の対応とします。

　(1)　1等級在級者の自動昇格は、昇格時期が3月11日となるため、以下のようにします。
　　・○年度の新規採用者で、自動昇格対象者は、○年3月11日に2年間勤続として2等級へ昇格できるものとします（ただし指定された教育要件を終了していることが前提です）。
　　・○年度以降の新規採用者は、翌年3月11日に1年間勤続として認定します。
　(2)　旧体系で職責給B以上の対象者は、移行期間の3年間（03年3月まで）は最短在級年数をはずすこととします。

(改廃)
第8条　この細則の改廃は人事教育部で起案し、理事長が決定します。

（効力）

第9条 この細則は○年○月○日より執行し、1年間の効力を有するものとします。

　改定なき場合は引き続き1年間の効力を有し、以下同様とします。この細則は○年○月○日より一部改定実施します。

役職任用基準

(F株式会社　食品製造・従業員380名)

第1条（目的）

　役職規程第6条の役職任用については、この『役職任用基準』を設け、具体的かつ公正に行うことを図る。

第2条（役職任用の意味）

　役職任用とは、会社組織の運営上必要な役職位へ任命することをいう。

第3条（昇格先行の原則）

　役職位への任用は、昇格が行われた後、その役職位が対応する等級資格を有している者の中で、その役職位が必要とする職務遂行能力を有していると認められた者を任用する。

第4条（任用基準）

　役職位の任用基準は、別表1に定める。

第5条（見直し基準）

　役職位は、1年ごとに見直し、再評価するものとする。ただし、適任者であれば再任を妨げるものではない。役職位の見直し基準は前項の別表1と兼用する。

第6条（任用の時期）

　役職任用は原則として5月16日付とする。

第7条（役職任用の選考方法）

　別に定める『役職任用基準事務細則』に基づき選考し、総務部長が役職任用申請書を社長へ提出する。

第8条（役職任用決定）

役職任用は、必要により担当管理者・総務部長の意見を参考にして社長が決定する。

付　　則

1　本基準は平成〇年〇月〇日より実施する。
2　役職任用についての手続き、その他の細則については、別に定める『役職任用基準事務細則』に基づき行う。

別表1　役職任用基準

役職	前提条件	対応等級	能力要件 (成績考課A以上) (能力考課A以上)	適性要件 (情意考課A以上)	上司推薦	面接	審査
部長	部長職に欠員が生じたとき。 部長職が新設されたとき。	8級以上	統率力、渉外力等部門統括者として必要な能力の保有者。	部長としての人格・見識・適性・社会性・先見性の保有者	担当役員	人事担当役員	役員会
副部長	副部長職に欠員が生じたとき。 副部長職が新設されたとき。	7級以上	部長に準ずる能力および部長を代行することができる能力の保有者。	副部長としての人格・見識・適性・社会性・先見性の保有者	担当役員	人事担当役員	役員会
課長	課長職に欠員が生じたとき。 課長職が新設されたとき。	6級以上	指導力、企画力等課統括者として必要な能力の保有者。	課長としての人格・見識・適性・社会性の保有者	担当役員	人事担当役員	役員会
課長補佐	課長補佐職を設ける必要が生じたとき。	6級以上	課長に準ずる能力および課長を代行することができる能力の保有者。	課長補佐としての人格・見識・適性・社会性の保有者	担当役員	人事担当役員	役員会
係長	係長職を設ける必要が生じたとき。	5級以上	担当業務に精通し、指導力、監督力等係長として必要な能力の保有者。	係長としての良識・適性・社会性の保有者	部長	総務部長	役員会
主任	主任職を設ける必要が生じたとき。	4級以上	担当業務に精通し、業務遂行力、指導力等主任として必要な能力の保有者。	主任としての良識・適性の保有者	部長	総務部長	役員会
職長	職長職を設ける必要が生じたとき。	6級以上	指導力、監督力等職場の統括者として必要な能力の保有者。	職長としての人格・見識・適性・社会性の保有者	工場長	工場長	役員会
組長	組長職を設ける必要が生じたとき。	5級以上	担当業務に精通し、指導力、監督力等組長として必要な能力の保有者。	組長としての人格・見識・適性・社会性の保有者	工場長	工場長	役員会
班長	班長職を設ける必要が生じたとき。	4級以上	担当業務に精通し、業務遂行力、指導力等班長として必要な能力の保有者。	班長としての良識・適性の保有者	工場長	工場長	役員会
担当部長	担当部長職を設ける必要が生じたとき。	9級	担当分野に関する高い専門知識と共に渉外力、開発力等担当部長として必要な能力の保有者。	担当部長としての人格・見識・適性・先見性の保有者	担当役員	人事担当役員	役員会
担当副部長	担当副部長職を設ける必要が生じたとき。	8級	担当分野に関する高い専門知識と共に渉外力、開発力等担当副部長として必要な能力の保有者。	担当副部長としての人格・見識・適性・先見性の保有者	担当役員	人事担当役員	役員会
担当課長	担当課長職を設ける必要が生じたとき。	7級	担当分野に関する優れた実務知識と共に渉外力、開発力等担当課長として必要な能力の保有者。	担当課長としての人格・見識・適性・先見性の保有者	担当役員	人事担当役員	役員会

役職任用基準事務細則

第1条（目　的）

　この細則は、役職任用基準に基づき、役職任用に関する事務取り扱いについての事項を定める。

第2条（任用対象者の調査）

　役職任用について次により調査する。

1　総務部において該当者を抽出し、所属別・任用資格別に選考対象者調査表を作成する。

2　調査表の作成は毎年4月とする。

第3条（在職年数）

　在職年数の算出方法は次による。

1　毎年5月21日現在における満年数とする。

2　休職期間は在職年数に通算しない。

第4条（年齢・在級年数）

　年齢および資格等級における在級年数は、別途定める『昇格基準事務細則』第3条、第4条と同一とする。

第5条（申　請）

　役職任用の申請については次のとおりとする。

㈎　係長・主任・職長・組長・班長

　総務部長は各部より提出された推薦書を総括し、役員会にて適・不適の最終評定を行い、役職任用申請書を作成し社長に上申する。

㈏　部長・副部長・課長・課長補佐・担当部長・担当副部長・担当課長

　総務部長は、役員会より提出された推薦書を総括し、役員会に

て適・不適の最終評定を行い、役職任用申請書を作成し社長に上申する。

(ハ) 特別任用・臨時任用についてはその対象資格のいかんにかかわらず、総務部長は、役員会にて適・不適の最終評定を行い、役職任用申請書を作成し社長に上申する。

第6条（役職任用・昇進発令）

役職任用・昇進決定者については、辞令発令とする。

付　則

1　本細則は、平成〇年〇月〇日より実施する。

著者紹介●

松田　憲二
（まつだ　けんじ）

　中央大学法学部法律学科卒。東証一部上場企業にて、人事・賃金・教育訓練・長期経営計画ならびに全国販売会社・販売店の経営指導・教育訓練を担当。これまで視聴覚教育教材活用において、文部大臣奨励賞他各種視聴覚賞を4年連続受賞。
　現在、労働問題研究家・人事教育コンサルタント、経営診断士会会員、経営学博士。中小企業総合事業団新事業開拓専門委員、中央職業能力開発協会、日本能率協会マネジメントスクール、高年齢者雇用推進アドバイザー養成等の各講師、独立行政法人・評価委員会委員（厚生労働省）。現在、マツダ・ビジネス・コンサルティーション代表。
　神奈川県横浜市栄区犬山町32-12　TEL 045(893)0252
　　　　　　　　　　　　　　　　　　FAX 045(894)5113

●主な著書
『精選・人事考課規程・マニュアルとつくり方』『精選・能力開発規程・マニュアルとつくり方』『人事賃金トータル処遇システム』『実践経営計画・計数分析力』『実践セールス活動・マーケティング力』『実践人材育成力・管理力』『ピカリと光る成功事例・人事賃金評価制度マニュアル』『評価者訓練のすすめ方』『パート・アルバイト・契約社員の処遇制度と戦力化』（以上、経営書院）
『昇進・昇格試験問題集』『実例・人事考課と評価システム』『実例・能力開発と教育訓練システム』『新版・昇進・昇格試験突破法』『キャリア開発と生涯教育』『エージレス就業社会』『新版・管理者の基礎テキスト』『管理者の実践テキスト』『人事評価制度のつくり方・すすめ方』（以上、日本能率協会マネジメントセンター）、『新版・社員の業績評価を正しく行なう手順』（中経出版）、『仕事給時代の人事・賃金システム』（ダイヤモンド社）、『生協の人事革新』（コープ出版）その他著書・論文多数。

昇格・昇進実践テキスト

2004年2月19日　第1版第1刷発行

定価はカバーに表示してあります。

編者　松田　憲二
発行者　平　盛之

発行所
㈱産労総合研究所
出版部　経営書院

〒102-0093
東京都千代田区平河町2-4-7 清瀬会館
電話 03(3237)1601　振替 00180-0-11361

落丁・乱丁本はお取替えいたします　　　印刷・製本 藤原印刷株式会社

ISBN4-87913-878-9 C2034